AF357060

CATALOGUE
DE LIVRES

LA PLUPART RELATIFS

A L'HISTOIRE DE FRANCE

COMPOSANT LA BIBLIOTHÈQUE DE M***, ANCIEN DÉPUTÉ

Dont la vente aura lieu aux enchères

Rue des Bons-Enfants, 28,

MAISON SILVESTRE, SALLE N° 2 (AU 1er,

Le Mardi 9 octobre 1860 et les 4 jours suivants

à **SEPT HEURES** du soir,

Exposition publique le jour de chaque vacation,
de 1 h. à 3 h.

Par le ministère de **Me AVRIL**, commissaire-priseur,

Rue Taranne, n. 6,

Assisté de M. **Auguste AUBRY**, libraire.

PARIS

AUGUSTE AUBRY, LIBRAIRE,

RUE DAUPHINE, 16.

1860

ORDRE DE LA VENTE.

1re VACATION. — *Mardi,*	9 octobre.	1 à 109.	
2e VACATION. — *Mercredi,*	10 octobre.	110 à 218.	
3e VACATION. — *Jeudi,*	11 octobre.	219 à 331.	
4e VACATION. — *Vendredi,*	12 octobre.	332 à 456.	
5e VACATION. — *Samedi,*	13 octobre.	457 à 484. 568 à 572. 485 à 567.	

Le Lundi 15 octobre,

LIVRES EN LOTS que le temps n'a pas permis de cataloguer,
Environ 1,500 volumes.

CONDITIONS DE LA VENTE :

Les livres vendus devront être collationnés sur place, dans les 24 heures de l'adjudication. Passé ce délai, ou une fois sortis de la salle de vente, ils ne seront repris pour aucune cause.

Les articles au-dessous de 12 francs ne seront admis à rapport que dans le cas où ils seraient incomplets par enlèvement de feuillets ou de portion de feuillet emportant du texte ; ils ne seront pas repris pour taches, mouillures, déchirures, piqûres ou autres défectuosités.

Le libraire chargé de la vente recevra les commissions des personnes qui ne pourraient y assister.

CATALOGUE
DES LIVRES

COMPOSANT LA BIBLIOTHÈQUE

DE M.***, ANCIEN DÉPUTÉ.

THÉOLOGIE.

1. Imitation de Jésus-Christ, traduction nouvelle, par Eug. de Genoude. *Paris, F. Didot,* 1827, gr. in-8, pap. vél. fort, v. ant. garnit. tr. dor., 2 *figures.*

2. Exposition de la doctrine de l'Église catholique, par Bossuet. *Paris, Delestre,* 1822, in-8, demi-rel., v. fauve.

3. Défense du Christianisme ou Conférences sur la religion, par D. Frayssinous. *Paris.* 1836, 3 vol. in-8, demi-rel., v. fauve.

4. L. C. Firmiani Lactantii de mortibus persecutorum, cum notis Steph. Baluzii. *Traj. ad Rhen.,* 1692, in-8, v. gr. *Figures.*

JURISPRUDENCE.

5. Corpus juris civilis romani, cum notis integris D. Gothofredi. *Antverpiæ,* 1726, 2 vol. in-fol., v. mar.

6. Corpus juris civilis, editio nova. *Amstel., apud J. Blaeu, L. et D. Elzevir,* 1654, 2 v. in-8, mar. n.

7. L'Interprétation des Institutes de Justinian, ouvrage

inédit d'Étienne Pasquier, publ. par le duc Pasquier. *Paris*, 1847, in-4, br.

8. Théorie des matières féodales et censuelles, par Hervé. *Paris*, 1785, 8 vol. in-12, v. mar.

9. Essai sur les lois criminelles des Romains, concernant la responsabilité des magistrats, par Ed. Laboulaye. *Paris*, 1845, in-8, br.

10. Baluzius (Steph.). Capitularia regum Francorum. *Parisiis*, 1780, 2 vol. in-fol.. v. mar.

11. Anciennes loix des François, conservées dans les coutumes angloises, recueillies par Littleton, publ. par D. Hoüard. *Rouen*, 1766, 2 vol. in-4, v. mar.

12. ORDONNANCES DES ROIS DE FRANCE de la troisième race, recueillies par ordre chronologique, par Eusèbe de Laurière, Secousse, Villevault, Brequigny, de Pastoret et Pardessus. *Paris, Imp. Roy.*, 1723-1849. 21 vol., plus 1 vol. de supplément et 2 vol. de tables; ensemble 24 vol. in-fol., rel. en veau marbré aux armes de France (4 sont brochés).

13. Loi salique, ou Recueil contenant les anciennes rédactions de cette loi et le texte connu sous le nom de *Lex emendata*, avec notes et dissert. par Pardessus. *Paris, I. Imp.*, 1843, in-4, br.

14. Les Livres des assises et des usages dou reaume de Jérusalem; edidit T.-H. Kausler. *Stuttgardiæ*, 1839. in-4, cart. (vol. 1er.)

15. Analyse du livre intitulé : Assises et bons usages du royaume de Jérusalem, de Godefroy de Bouillon, avec autres pièces et fragments de jurisprudence. In-4 , d.-rel. v. ant.

Manuscrit du siècle dernier.

16. Canciani. Barbarorum leges antiquæ, cum notis et glossariis, etc., collegit, notis et animadversionibus illustravit F. Paulus Canciani. *Venetiis*, 1781-92, 5 tom. en 4 vol. in-fol., v. ant.

Ouvrage fort recherché. *Très-bel exemplaire.*

17. Lipenius (Mart.). Bibliotheca realis juridica, post
F.-G. Struvii et G.-A. Jenichenii curas, emendata,
aucta et locupletata. *Lipsiæ*, 1757-75, 3 vol., y compris le supplément de Schott.—Madihnius, Bibliothe-
cæ juridicæ realis novioris. *Vratislaviæ*, 1823, 2 vol.
—En tout 5 vol. in-fol., demi-rel. v. ant.

18. Le Conseil de Pierre de Fontaines, ou Traité de l'ancienne jurisprudence française, publ. par Marnier.
Paris, 1846, in-8, br.

19. Practique judiciaire ès causes criminelles, très
utile et nécessaire à tous baillifz, prevostez, senes-
chaux, etc.; autheur mess. Josse de Damhoudere.
En Anvers, chez J. Betlere, 1564, petit in-4, dem.-
rel. *Figures en bois*.

20. De la féodalité des institutions de saint Louis et de
l'influence de la législation de ce prince, par Mignet.
Paris, 1822, in-8., dem.-rel. v.

21. Pléthon. Traité des lois, ou Recueil des fragments,
en partie inédits, de cet ouvrage, par C. Alexandre,
trad. par A. Pélissier, texte grec en regard. *Paris,
Didot*, 1858, in-8, br.

22. Treze livres des parlemens de France, par B. de la
Roche-Flavin. *Bourdeaus*, 1617, in-fol., v. br.

23. Histoire des avocats au parlement et du barreau de
Paris, par Fournel. *Paris*, 1813, 2 vol. in-8, dem.-
rel., v. ant.

24. Recherches pour servir à l'histoire du droit françois (par Grosley). *Paris*, 1752, in-12, v. mar.

25. De l'autorité judiciaire en France, par Henrion de
Pansey. *Paris*, 1827, 2 vol. in-8, v. rose.

26. Mélanges de jurisprudence, en 1 vol. in-8, dem.-
rel. v. fauve.

Testament de Dasumius par E. Laboulaye, 1845.—De la destruction ou régime féodal, par Garnier, 1791.—Mémoires sur l'organisation de l'enseignement du droit en Hollande, par Blondeau, 1846.—
De l'esprit public dans l'institution du jury, par de Lacuisine.
1845, etc.

27. Heineccius (Jo.-Gottl.). Opera ad universam juris-prudentiam, philosophiam, etc., pertinentia. *Genevæ*, 1771, 9 vol. in-4. v. mar.

28. Institution au droit français, par Cl. Fleury, publ. par M. Ed. Laboulaye et M. R. Dareste. *Paris*, 1858, 2 vol. in-8, br.

29. Institutes coutumières d'Antoine Loysel, nouv. édit., publ. par MM. Dupin et Laboulaye. *Paris*, 1846, 2 vol. gr. in-18, dem.-rel. v. fauve.

30. Histoire du droit municipal en France, par Raynouard. *Paris*, 1829, 2 vol. in-8, br.

31. Histoire critique du pouvoir municipal, de la condition des cités, des villes et des bourgs, par C. Leber. *Paris*, 1828, in-8, demi-rel. v. fau.

32. Histoire des biens communaux en France depuis leur origine jusqu'à la fin du xiii° siècle, par A. Rivière. *Paris*, 1856, in-8, br.

33. Motifs, rapports et opinions des orateurs qui ont coopéré à la rédaction du Code civil, etc., publ. par Poncelet. *Paris, Didot*, 1838, 2 vol. gr. in-8 br.

34. Études sur l'histoire, les lois et les institutions de l'époque mérovingienne, par J. de Pétigny. *Paris*, 1843, 3 tom. en 5 parties in-8 br.

35. Nouvel examen de l'usage général des fiefs en France pendant les xi°, xii°, xiii° et xiv° siècles, par Brussel, *Paris*, 1727, 2 vol. in-4, v. gr. *Rare*.

36. Dictionnaire des fiefs et des droits seigneuriaux utiles et honorifiques, par Renauldon. *Paris*, 1765, in-4, v. jasp.

37. Histoire de la Possession et des Actes possessoires en droit français, par Isid. Alauzet. *Paris, Imp. nat.*, 1849, in-8, br.

38. Histoire et théorie de la saisine hériditaire dans les transmissions de biens par décès, par J. Simonnet. *Paris*, 1852, in-8 br.

39. Glossaire du droit françois, par Ragueau, éd. revue par E. de Laurière. *Paris*, 1704, 2 vol. in-4, v. br.

40. Code universitaire ou lois, statuts et règlements de l'Université royale de France, mis en ordre par Rendu. *Paris*, 1846, in-8, demi-rel.-v. fauve.

41. Les Codes, publ. par Teulet et Loiseau. *Paris*, 1843, maroq. viol. tr. dor. (*Simier.*)

42. Codes français, expliqués par leurs motifs, par des exemples et par la jurisprudence, par Rogron. *Paris*, 1843, 2 vol. gr. in-8 demi-rel. maroq.

43. Collection complète des lois, décrets, ordonnances, avis du Conseil d'État (1788-1852 inclus), publiée par J.-B. Duvergier. *Paris*, 1834-52, 54 vol. dont 2 de tables, in-8, dem.-rel. v. ant. (*Koehler.*)

44. Constitution militaire de France, par Paixhans. *Paris*, 1849, in-8, br.

45. Recherches sur l'administration de la justice criminelle chez les Français, avant l'institution des parlements, par Le Grand de Laleu. *Paris*, 1822, in-8 demi-rel. bas.

46. Dictionnaire de droit canonique et de pratique bénéficiale, par Durand de Maillane. *Lyon*, 1770, 4 vol. in-4, v. m.

47. Recueil complet des actes du gouvernement provisoire (février-mai 1848), par E. Carrey. *Paris*, 1848, 2 vol. gr. in-18, demi-rel. v. fauve.

Coutumes.

48. De l'état civil des personnes et de la condition des terres dans les Gaules, dès les temps celtiques jusqu'à la rédaction des coutumes (par Perreciot). *En Suisse, aux dépens de la Société,* 1786, 2 vol. in-4 v. éc.

49. La somme rurale... A la fin: Cy finist la Somme rural compilée p. honnourable hôme maistre Jehan

Boutilier, conseiller du roy notre sire à Paris. Et imprimée à Paris pour Jehan Petit, libraire-juré...., le 6ᵉ jour du moys de may, l'an 1519, pet. in-fᵒ. goth. à 2 col. mar. v. fil. fers à froid, tr. dor.

50. Somme rural ou le Grand Coustumier général et practique civil et canon, par J. Bouteiller, publ. par Le Caron. *Paris*, 1603, in-4, dem.-rel.

51. 𝕷𝔢 𝕲𝔯𝔞𝔫𝔡 𝔠𝔬𝔲𝔰𝔱𝔲𝔪𝔦𝔢𝔯 𝔡𝔲 𝔭𝔞𝔶𝔰 𝔢𝔱 𝔡𝔲𝔠𝔥𝔢́ 𝔡𝔢 𝕹𝔬𝔯𝔪𝔢𝔫𝔡𝔦𝔢, très-utile et profitable à tous practiciens....., comp. par maistre Guill. Le Rouille d'Alençon. *Imprimé à Rouen par N. Leroux, pour Fr. Regnault,* 1539, in-fol. goth. rel. parch.

52. Établissement et coutumes, assises et arrêts de l'échiquier de Normandie, au XIIIᵉ siècle, par Marnier. *Paris*, 1839, in-8 br.

53. La Coutume de Paris, mise en vers, avec le texte à côté par G*** D*** (Garnier Des Chesnes). *Paris*, 1782, in-12, v. m.

54. Recueil de l'académie de législation de Toulouse. *Toulouse*, 1852-60. T. I-VIII en 13 part. in-8 br.

55. Coustumes de Beauvoisis, par mess. Phil. de Beaumanoir, assises et bons usages du royaume de Jérusalem, par J. d'Ibelin, avec notes par Gasp. Thaumas de la Thaumassière. *Bourges*, 1690, in-fol. v. m.

56. Coutume de Chaumont en Bassigny, par de Laistre. *Paris*, 1733, in-4, v. m.

57. Fors de Béarn, législation inédite du XIᵉ au XIIIᵉ siècle, avec trad. en regard, notes et introd. par A. Mazure et J. Hatoulet. *Pau, s. d.* in-4, v. ant. (*Koehler.*)

58. Bibliothèque des coutumes, par Berroyer et de Laurière. *Paris*, 1745, in-4, v. m.

Droit étranger.

59. Commentaire sur les lois anglaises, par W. Black-

tone, avec des notes par Christian, trad. par Chompré. *Paris*, 1822, 6 vol. in-8, demi-rel.

60. Esprit, origine et progrès des institutions judiciaires des principaux pays de l'Europe, par J.-D. Meyer. *Paris*, 1823, 5 vol. in-8 br.

60 *bis*. Recueil des ordonnances de la principauté de Liége. — Troisième série, 1684-1794, — par M. L. Polain. *Bruxelles, Devroye*, 1855, in-fol. br.

> Premier vol. contenant les ordonnances du 28 nov. 1684 au 3 mars 1744.

61. Histoire du traité de Westphalie ou des négociations qui se firent à Munster et à Osnabrug, pour établir la paix entre toutes les puissances de l'Europe, par le P. Bougeant. *Paris*, 1751, 6 vol. in-12, v. m.

62. Recueil des ordonnances des Pays-Bas autrichiens. —Troisième série. 1700-1794, — par M. Gachard. *Bruxelles, Devroye*, 1860, in-fol., br.

> Tome Ier contenant les ordonnances du 18 nov. 1700 au 23 juin 1706.

63. Liste chronologique des édits et ordonnances des Pays-Bas autrichiens de 1751 à 1794, 2 vol. — Liste chronologique des édits et ordonnances de la principauté de Liége, de 1507 à 1684. *Bruxelles*, 1860; ens. 3 vol. in-8, br.

64. Droit public des États modernes. — États-Unis d'Amérique, Commentaire sur la constitution fédérale, etc., trad. de Story, par Paul Odent. *Paris*, 1843, 2 vol. in-8, br.

SCIENCES ET ARTS.

Philosophie.—Morale.

65. L. Annæi Senecæ Opuscula philosophica selecta minora. *Lugd. Batav., ex off. J Maire*, petit in-32, bas.

66. Zoroastre, Confucius et Mahomet, par de Pastoret. *Paris*, 1788, in-8, bas.

67. Pensées de Platon, trad. par V. Le Clerc. — Le Phédon ou de l'Immortalité de l'âme, trad. du grec de Platon, par Dacier. *Paris, Lecou*, 1850, 2 vol. in-12.

68. Plan théologique du pythagorisme et des autres sectes savantes de la Grèce, par le R. P. Michel Mourgues. *Toulouse*, 1712, 2 vol. in-8, v. br.

69. La Tavola di Cebete Tebano. *Parma, Bodoni*, 1793 (avec le texte grec). gr. in-8, demi-rel. n. rog.

70. Les Ennéades de Plotin, trad. pour la première fois en français par Bouillet. *Paris, Hachette*, 1857, 2 vol. in-8 br.

71. Tractatus moralis de naturali pudore et dignitate hominis, in quo agitur de incestu, scortatione, voto cælibatus, conjugio, adulterio, polygamia et divortiis, etc., auctore L.-V. Velthuysen. *Trajecti ad Rhen.*, 1676, pet. in-4, v. gr.

72. La philosophie de saint Thomas d'Aquin, par Ch. Jourdain. *Paris, Hachette*, 1858, 2 vol. in-8, br.

73. Pensées de Blaise Pascal. *Paris, Renouard*, 1803, 2 vol. in-18, bas.

74. Études philosophiques sur le Christianisme, par A. Nicolas. *Paris*, 1852, 4 vol. in-12, demi-rel. v.

75. Histoire de la philosophie, par le D' Henri Ritter, trad. par Tissot. *Paris*, 1837, 4 vol. in-8. br.

76. Mélanges de philosophie juive et arabe, par S. Munk. *Paris*, 1859, in-8, br.

77. Essai de Théodicée, sur la bonté de Dieu, la liberté de l'homme et l'origine du mal, par Leibnitz, publ. par de Jaucourt. *Amst., Changuion*, 1747, 2 vol. in-12, v. fau.

78. De l'Esprit des religions, par A. Dumesnil. *Paris*, 1810, in-8, demi-rel. v. ant.

79. De l'Abolition de l'esclavage ancien en Occident, par Ed. Biot. *Paris, Renouard*, 1840, in-8, br.

80. Essais sur la philosophie des Hindous, par Colebrooke, trad. de l'angl. et augm. de textes sanskrits, par Pauthier. *Paris*, 1833, in-8, demi-rel. v. ant.

Économie politique et sociale.

81. Traité d'Économie politique, par J.-B. Say, 6e éd. publiée par Horace Say. *Paris*, 1841, gr. in-8, br.

82. Recherches sur la condition civile et politique des femmes, depuis les Romains jusqu'à nos jours, par Ed. Laboulaye. *Paris*, 1843, in-8, br.

83. Introduction à l'histoire diplomatique de l'empereur Frédéric II, par Huillard-Bréholles. 1858-59, in-4, en 3 part. br.

84. Historia diplomatica Frederici secundi.... juxta seriem annorum disposuit et notis illustravit J.-L.-A. Huillard-Bréholles, auspiciis et sumptibus H.-Alb. de Luynes. *Parisiis, excudebat H. Plon*, 1853-59, 5 t. en 9 part. in-4.

85. Le Népotisme de Rome ou Raisons qui portent les papes à agrandir leurs neveus, etc., trad. de l'ital. 1669. (*A la sphère*) pet. in-12, rel.

86. Histoire de la propriété foncière en Occident, par Ed. Laboulaye. *Paris*, 1839, in-8, br.

87. De la comptabilité publique en France, par H. de Montcloux. *Paris*, 1840, in-8, br.

88. Recherches historiques sur le système de Law, par Levasseur. *Paris*, 1854, in-8, br.

89. Le Budget des cultes en France depuis le concordat de 1801 jusqu'à nos jours, par Ch. Jourdain. *Paris, Hachette*, 1859, in-8, br.

90. Exposé de l'administration générale et locale des finances du royaume uni de la Grande-Bretagne et de l'Irlande, par Bailly. *Paris*, 1837, 2 vol. in-8, br.

91. De la fortune publique en France et de son administration, par Macarel et Boulatignier. *Paris*, 1838, 3 vol. in-8, br.

92. Statistique générale, méthodique et complète, de la France comparée aux autres grandes puissances de l'Europe, par Schnitzler. *Paris*, 1846, 4 vol. in-8, br.

93. Précis historique de la marine française, son organisation et ses lois, par Chassériau. *Paris, Imp. Roy.*, 1845, 2 vol. grand in-8, br.

94. La guerre et le gouvernement de l'Algérie, par L. de Baudicourt. *Paris*, 1853. — La colonisation de l'Algérie, ses éléments, par le même. *Paris*, 1856 ; ens. 2 vol. in-8, br.

95. Les consommations de Paris, par A. Husson. *Paris*, 1856, in-8, br.

96. Travaux de la commission française sur l'industrie des nations, publ. par ordre de l'Empereur (*Exposition universelle de* 1851). *Paris, Imp. Imp.*, 1854-60. T. 1er. 3 part. (t. II manque) ; t. III, 3 part.; t. IV, V, VI, VII et VIII, en 1 vol. Ensemble 7 tom. en 11 part. In-8, br.

Histoire naturelle.

97. Le Monde avant la création de l'homme, ou le Berceau de l'univers, par Zimmermann, trad. de l'all. par Hymans et Strens. *Paris*, 1857, grand in-8, demi-rel. m. viol. *Gravures*.

98. Cosmos. Essai d'une description physique du monde, par Alex. de Humboldt, trad. par Faye. *Paris*, 1848, 3 t. en 4 part., in-8 br.

99. Dissertation sur les tremblemens de terre et les éruptions de feu qui firent échouer le projet formé par l'empereur Julien de rebàtir le temple de Jérusalem, par Warburton. *Paris*, 1764, 2 vol. pet. in-12, bas.

100. Œuvres d'histoire naturelle et de philosophie de Ch. Bonnet. *Neuchatel*. *Fauché*, 1779, 8 vol. in-4. v. rac. *Planches*.

101. Rapport historique sur les progrès des sciences naturelles depuis 1789, et sur leur état actuel, par Cuvier. *Paris, Imp. Imp.*, 1810, in-8, br.

102. Mémoires pour servir à l'histoire des insectes, par de Réaumur. *Paris, Imp. Roy.*, 1734, 6 vol. in-4, v. m. *Figures* (mouillé).

103. Œuvres choisies d'Hippocrate, trad. sur les textes manuscrits et imprimés, accompagnées d'arguments, de notes, et précéd. d'une Introd. par Ch. Daremberg. *Paris*, 1855. in-8, br.

Beaux-Arts.—Livres à figures.

104. Dictionnaire historique d'architecture, par Quatremère de Quincy. *Paris, A. Le Clerre,* 2 vol. in-4, cartonnés, n. rog.

105. Histoire de la gravure en manière noire, par Léon de Laborde. *Paris, J. Didot,* 1839, grand in-8, demi-rel. v. v. *Figures.*

106. Un an à Rome et dans ses environs, Recueil de dessins lithographiés, dessiné et publié par Thomas. *Paris, F. Didot,* 1823, in-fol., demi-rel. mar. violet.

107. Collection complète des tableaux historiques de la Révolution française. *Paris, imp. de P. Didot l'aîné,* 1802, 3 vol. grand in-fol., demi-rel. mar. grenat. *Nombreuses figures gravées.*

108. La Galerie électorale de Dusseldorff, ou Catalogue raisonné et figuré de ses tableaux, dans lequel on donne une connaissance exacte de cette fameuse collection, et par une suite de 30 planches contenant 365 petites estampes rédigées et gravées d'après ces mêmes tableaux, par Chrétien de Méchel, ouvrage composé dans un goût nouveau par N. de Pigage. *A Basle.*

chez Méchel, 1778, 2 part. in-fol. obl. cart. n. rog.

Exemplaire beau d'épreuves.

109. Fêtes et souvenirs du congrès de Vienne, tableaux des salons, scènes anecdotiques et portraits, par de La Garde. *Paris*, 1843, 2 vol. in-8, br.

BELLES LETTRES.

Linguistique.

110. Dictionnaire étymologique et comparatif des langues teuto-gothiques, par H. Meidenger. *Francfort*, 1833, in-8, cart.

111. Traité de la formation des mots dans la langue grecque, par Ad. Regnier. *Paris, Hachette*, 1855, in-8, br.

112. Glossarium ad scriptores mediæ et infimæ latinitatis, auctore C. Dufresne, Du Cange. *Parisiis, Osmont*, 1733, 6 vol. in-fol., v. fauve. (*Aux armes.*) — Glossarium novum, seu Supplementum ad auctiorem glossarii Cangiani editionem, collegit et digessit D.-P. Carpentier. *Parisiis*, 1766, 4 vol. in-fol., v. mar.— Ensemble, 10 vol.

113. Totius latinitatis Lexicon, consilio et cura Jacobi Facciolati, opera et studio Ægidii Forcellini alumni seminarii Patavini lucubratum. *Schneebergæ*, 1831, 4 vol. in-fol., dem.-rel. v. fauve.

114. Dictionnaire universel français-latin, vulgairement appelé Dictionnaire de Trévoux. *Paris*, 1771, in-fol., 8 vol. v. gr.

Bel exemplaire.

115. Dictionnaire français-latin, par L. Quicherat. *Paris, Hachette*, 1858, fort vol. grand in-8, br.

116. Étude sur l'idiome des Végas et les origines de la

langue sanscrite, par Ad. Regnier. (Première partie.)
Paris, 1855, in-4, br.

117. Glossaire de la langue romane, par J.-B.-B. Roquefort. *Paris*, 1808, 2 vol. in-8, demi-rel.

118. Lexique roman, ou Dictionnaire de la langue des
troubadours , comparée avec les autres langues de
l'Europe latine, par Raynouard. Paris, 1836-38, 6 vol.
in-8, br.

119. Origine et formation de la langue française, par
A. de Chevallet. *Paris, Imp. Imp.*, 1853-57, 3 vol.
in-8, br.

120. Encyclopédie méthodique (grammaire et littérature).
Paris, Panckoucke, 1782, 3 vol. in-4, demi-rel. mar.
vert.

121. Project du livre intitulé de la Precellence du lan-
gage françois, par Henri Estienne. *Paris, par Mamert-
Patisson*, 1579, pet. in-8, v. gr.
  Grand de marge,—lavé—réglé.

122. Dictionnaire raisonné des onomatopées françoises,
par Ch. Nodier. *Paris*, 1828, in-8, v. vert.

123. Discours préliminaire du Nouveau Dictionnaire de
la langue française, par de Rivarol. — De l'universa-
lité de la langue française, par le même. *Hambourg*,
1797, en 1 vol. in-4, v. gr.

124. Dictionnaire du patois normand, par Edelestand et
A. Duméril. *Caen*, 1849, in-8, br.

125. Essai sur l'histoire des théories grammaticales dans
l'antiquité, par Egger. *Paris*, 1854, in-8, br.

126. Mélanges de critique et de philologie, par S. Char-
don de la Rochette. *Paris*, 1812, 3 vol. in-8, demi-rel.
v. fau.

127. Quintilianus (Mar.-Fabius). — Institutiones ora-
toriæ, edente Andr. Naugerio. *Venetiis, in æd. Aldi
et Andreæ soceri*, 1514, pet. in-4, demi-rel. parch.

129. Livre des orateurs par Timon. *Paris , Pagnerre,* 1847, 2 vol. in-12, demi-rel. v. fau.

130. Choix de discours de réception à l'Académie fran çaise, depuis son établissement jusqu'à sa suppression, par Boudon. *Paris,* 1808, 2 vol. in-8, v. rac.

131. Choix de rapports, opinions et discours prononcés à la tribune nationale depuis 1789 jusqu'à ce jour; recueillis dans un ordre chronologique et historique. *Paris,* 1818, 20 vol. in-8, v. fau.

Poëtes grecs et latins.

133. L'Iliade et l'Odyssée d'Homère, trad. en français, par Dugas Montbel. *Paris , F. Didot ,* 1828, 9 vol. gr. in-8, pap. vél. demi-rel. mar. rou. non rog.

134. Les Idylles de Théocrite, suivies de ses Inscriptions, trad. en vers français par F. Didot. *Paris, F. Didot,* 1833, in-8, pap. vél. rel. m. rou. n. rog.

135. Q. Horatii Flacci Carmina, nitori suo restituta. *Parisiis , J. Barbou ,* 1763, in-12, v. m. fil. tr. dor. front. gravé.

136. Q. Horatii Flacci Poemata, annot. A. J. Bond. *Aurelianis , typis Couret de Villeneuve,* 1767, pet. in-12, v. m.

137. Quintus Horatius Flaccus. Recensuit et emendavit F. G. Pottier. *Parisiis, Malepeyre,* 1823, gr. in-8, pap. vél. demi-rel. m. n. rog.

138. Q. Horatii Flacci Opera omnia. *Lipsiæ,* 1831, 4 vol. in-8, bas.

139. Œuvres complètes d'Horace, trad. en vers par P. Daru. *Paris, Janet et Cotelle,* 1819, 4 vol. in-12, demi-rel. v.

140. Les Bucoliques de Virgile, trad. en vers français par F. Didot. *Paris, F. Didot,* 1806, in-8, pap. v. fau. tr. dor. (*Bozérian.*)

141. Pub. Ovidii Nas. Opera. Daniel Heinsius textum

recensuit. *Amstelod. apud J. Janssonium*, 1634, 3 vol.
pet. in-18, mar. rou. fil. tr. dor.

142. Satires de Juvénal, trad. en vers français, par C.
Dubos (texte lat. en regard). *Paris*, 1852, in-8, br.

143. Satires de Perse, trad. en français par Sélis ; nouv.
édit. rev. et augm. de notes et obs. par Achaintre.
Paris, 1822, in-8, v. ant. fers à froid.

144. Titi Lucretii Cari de rerum Natura libri sex. *Bir-
minghamæ*, 1772, in-4, v. m.

145. Lucrèce. De la Nature des choses, trad. en vers
français par de Pongerville, texte en regard. *Paris*,
1823, 2 vol. in-8, rel. pl. en v. gauf.

146. M. Annæi Lucani Pharsalia, sive de bello civili
Cæsaris et Pompeii lib. X. *Amst. Janssonium*, 1626,
pet. in-18, mar. rou. à pet. fers.

147. Petronius Arbiter. Satyricon, quæ supersunt, cum
integris doctorum viror. commentariis, et notis....
curante Petro Burmano. *Traj. ad Rhen.*, *Van de
Water*, 1709, 2 tom. en 1 vol. in-4, v. br.

148. Porphyrius. Publii Optatiani Porphyrii Panegyri-
cus dictus Constantino Augusto, ex codice manuscripto
Pauli Velseri. *Augustæ Vindelicor.*, 1595, in-fol.

    Petit poëme latin en acrostiches très-compliqués : c'est vraisem-
blablement le plus ancien monument qui nous reste de ces sortes de
jeux d'esprit (*Brunet*).

149. Nicol. Borbonii Vandoperani Nugæ. *Parisiis.
Mich. Vascosanus*, 1533, pet. in-8. v. m.

Poëtes français.

150. Fabliaux ou contes, fables et romans du XIIᵉ et du
XIIIᵉ siècle, trad. ou extraits par Legrand d'Aussy.
Paris, Renouard, 1829, 5 vol. in-8, pap. vél. demi-
rel. mar. rou. tête dor., non rog.

151. Poésies inédites du moyen âge, précédées d'une
histoire de la fable Ésopique, par E. du Méril. *Paris*,
1854. in-8. br.

152. Œuvres choisies de Malherbe, avec des notes de
tous les commentateurs, édit. publiée par L. Parrelle.
Paris, Lefèvre, 1825, 2 vol. in-8, grand pap. vélin,
cart., n. rog.

153. Œuvres de Jean Racine. *A Paris, de l'imp. de P.
Didot l'aîné,* 1791, 3 vol. grand in-fol., pap. vélin,
demi-rel. mar. rou. n. rog. *Figures d'après Prudhon,
Girodet, Moitte et Taunai.*

154. Œuvres de Nic. Boileau-Despréaux, avec des éclaircissements historiques donnez par lui-même, nouv.
édit., revue et enrichie de figures gravées par Bernard
Picart. *Lahaye,* 1729, 2 vol. in-fol., v. gr., texte en-
cadré.

155. Les Œuvres de M. Pradon. *A Paris, chez P. Ribou,*
1700, in-12, v. fauve, fil.

Bel exemplaire de l'édition originale, relié sur brochure.

156. Le Mars à la mode de ce temps. *A Liége, dans le
royaume de Vulcain,* 1672, pet. in-12, mout. vert.

157. Géorgiques françaises, poëme, suivi d'un Traité
complet de poésie géorgique, par Rougier, baron de
Labergerie. *Paris,* 1824, 2 vol. in-8, demi-rel. v.
vert. *Portraits.*

158. Œuvres diverses de J.-J. Barthélemy, nouv. édit.
augmentée. *Paris,* 1823, 2 vol. in-8, demi-rel. v.
Planches et portrait.

159. Poëmes des bardes bretons du vi[e] siècle, avec le
texte en regard, trad. par H. de La Villemarqué.
Paris (Rennes), 1850, in-8, pap. vergé fort, br.

Poëtes étrangers.

160. La Divina Commedia di Dante. *Londra, Pickering,*
1822, 2 vol. pet. in-32, v. bl.

161. Marini (Gaetano). Gli Atti e Monumenti de'telli fra
di marmo ed ora raccolti, diciferati e commentati.
Roma, 1795, 2 vol. in-4, parch. *Figures.*

162. Les Lusiades ou les Portugais, poëme de Camoëns,

en dix chants ; trad. nouv. avec des notes, par Millié. *Paris, F. Didot*, 1825, 2 vol. in-8 , v. ant. fers à froid.

Théâtre, Romans, Contes, Facéties.

163. Théâtre des Grecs, par le P. Brumoy. *Paris, Cussac*, 1785, 13 vol in-8, v. fauve. *Figures de Marillier et autres av. la lettre.*

> Exemplaire tiré sur grand papier in-4.

164. Théâtre des Latins, par Levée et l'abbé Le Monnier. *Paris*, 1820, 14 vol. in-8, demi-rel., v.

165. The plays of W. Shakspeare, with the corrections and illustr. of various commentators, to which are added notes by S. Johnson and G. Steevens. *London*, 1778, 10 vol. in-8, v. *Portrait.*

166. OEuvres complètes de Shakspeare, trad. de l'anglais par Letourneur, nouv. édit., revue par MM. Guizot et A. Pichot. *Paris, Ladvocat*, 1821, 13 vol. in-8, v. rac. dent.

167. Les OEuvres de M⁰ François Rabelais. *Amsterdam, ad. Mœtjans*, 1659, 2 vol. in-12 (*à la sphère*), v. vert tr. dor.

168. OEuvres de Rabelais. *Paris, Janet*, 1823, 3 vol. in-8, fers à froid.

169. Joan. Meursii Elegantiæ latini sermonis seu Aloisia Sigæa Toletana de arcanis amoris et Veneris, adjunctis fragm. quibusdam eroticis. *Lugd. Batav., ex typis elzevirianis*, 1757, pet. in-8, mar. r. dent. tr. dor. front. gravé.

> Bel exemplaire.

170. L'Éloge de la folie, trad. du latin par Gueudeville. 1757, pet. in-8, v. mar. *Figures.*

171. Cymbalum mundi, ou Dialogues satyriques, par Bonaventure des Perriers. *Amst.*, 1732, pet. in-12, v. mar.

172. Les Cent Nouvelles nouvelles, publ. par Le Roux
de Lincy. *Paris. Paulin.* 1841, 2 vol. demi-rel., v.
fauve.

173. Nouvelles, de Ch. Nodier. *Paris*, 1840, in-12,
demi-rel. v. fauve.

174. Il Decameron, di messer G. Boccaccio. *Firenze,
L. Ciardetti.* 1822, 4 vol. in-8, v. ant. fers à froid.
Portrait.

175. Tom Jones, ou l'Enfant trouvé, par Fielding, trad.
nouv. par L. de Wailly. *Paris. Charpentier*, 1841,
2 vol. in-12, demi-rel. bas.

Épistolaires.

177. Janus Parrhasius. Liber de rebus per epistolam
quæsitis, adjuncta est Fr. Campani quæstio Virgiliana.
Paris, H. Stephanus, 1567, in-8, parch.

178. Henr. Stephanus. Epistolia, dialogi, breves ora-
tiunculæ, poematia (grec et lat.). 1577, petit in-8, v.
fauve fil. tr. dor.

179. Lettres d'Héloïse et d'Abailard. *Paris, Fournier*,
1796, 3 vol. in-4, gr. pap. vélin m. bleu larges
dentelles tr. dorée.

> Très-bel exemplaire.—Huit figures d'après Moreau le jeune (eau-
> forte et avant la lettre).

180. Lettres de Henri VIII à Anne Boleyn, avec la traduction ; précédées d'une Notice historique sur Anne
Boleyn. *Paris, Crapelet.*—Lettre d'un gentilhomme
portugais sur l'exécution d'Anne Boleyn. *Paris, Silvestre,* 1832, in-8, demi-rel. mar. rouge n. rog.

> Exemplaire en papier fort de Holl., provenant de la bibliothèque
> de Pixericourt.

181. Lettres édifiantes adressées aux dames de Saint-
Louis, par Mme de Maintenon, 2 vol.—Lettres sur
l'éducation des filles, par Mme de Maintenon, 1 vol.—
Entretiens sur l'éducation des filles, par la même, 1 vol.

publ. par **M. Th.** Lavallée. Ensemble 4 vol. gr. in-18. *Charpentier*, 1854-56.

182. Nouvelles lettres de madame la duchesse d'Orléans, trad. de l'all. par G. Brunet. *Paris, Charpentier*, in-12, demi-rel. bas.

183. Lettres de mademoiselle de Lespinasse, écrites
depuis l'année 1773 jusqu'à l'année 1776. *Paris*,
1809, 2 vol. in-8, demi-rel. bas.

184. Lettres autographes de madame Roland, publ.
par Mme Henriette Bancal des Issarts, avec Introd.
par Sainte-Beuve. *Paris*, 1835, in-8, br.

185. Lettres et Instructions de Louis XVIII au comte
de Saint-Priest, par de Barante. *Paris*, 1845, in-8,
br.

186. Lettres de la marquise du Deffand à Horace Wal-
pole. *Paris*, 1812, 4 vol. in-8, demi-rel. v. *Portrait*.

187. Correspondance entre le comte de Mirabeau et le
comte de La Marck. *Paris*, 1851, 3 vol. in-8, demi-
rel. v. fauve.

188. Lettres et Opuscules inédits du comte Joseph de
Maistre, précédés d'une Notice biographique par son
fils, le comte Rodolphe de Maistre. *Paris*, 1851, 2
vol. in-8, br. *Portrait*.

189. Lettres de J. de Muller à ses amis, **MM.** de Bon-
stetten et Gleim. *Paris*, 1812, in-8, demi-rel. bas.

190. Correspondance de V. Jacquemont avec sa famille
et plusieurs de ses amis, pendant son voyage dans
l'Inde (1828-32). *Paris*, 1841, 2 vol. in-12, demi-
rel. v. fauve.

Polygraphes.

191. OEuvres de Plutarque, trad. du grec par J. Amyot.
Paris, Bastien, 1784, 18 vol. in-8, v. porph. tr.

dor.—Recueil de 131 médaillons d'après l'antique, formant compl. des œuvres de Plutarque. *Paris, Cussac*, in-8, v.

192. M. Tullii Ciceronis Opera omnia : cum Gruteri et selectis variorum notis et indicibus locuplet. acc. C. Schrevelio. *Amst., apud Lud. et Dan. Elzevirios*, 1661, 2 vol. in-4, v. fauve fers à froid tr. dor., titre gravé.

> Très-bel exemplaire.

193. Prudentius (Aur.). Opera omnia, nunc primum cum codd. Vaticanis collata, pæfatione, variant, lection. ac notis aucta et illustr. *Parmæ, ex reg. typogr. (Bodoni)*, 1788, 2 vol. in-4, pap. de Hollande, demi-rel. v. fauve, n. rog. (*Simier.*)

194. Petri Victorii epistolarum libri X, Orationes XIIII et liber de laudibus Joannæ Austriacæ. *Florentiæ, apud Junctas*, 1586, in-fol. demi-rel. mar.

195. Bibliothèque classique latine, ou Collection des auteurs classiques latins, avec des commentaires anciens et nouveaux, des index, etc., publ. par N.-E. Lemaire. *Paris, Lemaire*, 1819 et suiv., 142 tom. rel. en 140 vol. in-8, demi-rel. mar. vert, ébarbé (*Bibolet*).

> Très-bel exemplaire en reliure uniforme, bien complet, à l'exception des 2 vol. de Lucrèce publiés en 1838.

196. Budæus (G.). De transitu hellenismi ad Christianismum, libri tres. *Paris, ex. off. Rob. Stephani*, 1535, petit in-fol. lavé, réglé, mar. noir du Lev.

197. Les Œuvres d'Estienne Pasquier, cont. ses recherches sur la France, etc., ses lettres, ses œuvres meslées, et les lettes de Nicolas Pasquier. *Amst.*, 1723, 2 vol. in-fol., v. gr.

198. Œuvres choisies d'Étienne Pasquier, accomp. de notes et d'une étude sur sa vie et ses ouvrages, par L. Feugère. *Paris, F. Didot*, 1849, 2 vol. in-12, demi-rel. v. fauve.

199. Les Œuvres de M. de Voiture. *Paris*, 1686, 2 vol. in-12, v.

200. Les sentiments de l'Académie française sur la tragi-comédie du Cid. *Paris, Camusat*, 1638, pet. in-8, parch.

201. Les Œuvres de M. Sarrasin, *Paris, A. Courbé.* 1656, in-4, mar. rou. à petits fers tr. dor.

> Exemplaire du ministre Fouquet, avec ses armes.

202. Œuvres de M. de Saint-Evremond, avec la Vie de l'auteur par M. des Maizeaux. *S. l.*, 1753, 12 vol. in-12, v. fau. fil. tr. dor.

203. Œuvres de Louis XIV. *Paris, Treuttel et Würtz,* 1806, 6 vol. in-8, demi-rel. mar. violet. *Portraits ajoutés.*

204. Les Caractères de La Bruyère, suivis des Caractères de Théophraste. *Paris, Lefèvre*, 1818, 2 vol. in-8, v. rac. dent.

205. Œuvres de Montesquieu, avec les remarques des divers commentateurs et des notes inéd. *Paris*, 1823, gr. in-8, v. ant. *Portrait.*

206. Cours analytique de littérature générale, par N.-L. Lemercier. *Paris, Nepveu*, 1817, 3 vol. in-8, v. rac.

207. Réflexions et menus propos d'un peintre genevois, par R. Topffer. *Paris*, 1848, 2 vol. in-12, demi-rel. v. r.

208. Ouvrages de Madame la baronne de Staël, in-8, div. rel., 12 vol.

> De l'influence des passions.— Corinne. — De la littérature.—Delphine.—Essais dramatiques et mélanges.—Notice sur les écrits de madame de Staël, par madame Necker de Saussure.

209. Les Soirées de Saint-Pétersbourg, par le comte J. de Maistre. *Lyon*, 1842, 2 vol. in-8, demi-rel.

210. Mélanges de littérature, publ. par Suard. *Paris, Dentu*, 1803, 3 vol. in-8, cart.

211. Mélanges littéraires en 1 vol. in-8, demi-rel. v. fauv.

De l'autorité historique de Flavius Josèphe, par Ph. Chasles, 1841. —Des causes principales de la popularité du clergé en France, par Guérard.—Recherches sur l'origine des Boïes et sur le lieu d'établissement de ces peuples dans la Gaule, par Vincent, 1843.—Examen des passages de l'Énéide qui ont trait à la marine, par Jal, 1843.—Marie la Cordelière (xvi* siècle), par Jal, 1845.—Documents inédits sur l'histoire de la marine au xvi* siècle, par le même, 1842. —Hôtel de la Présidence (préfecture de police), par Lebat, 1844, etc.

212. Mélanges littéraires en 1 vol. in-8, bas.

L'appréciation du monde, trad. de l'hébreu par Berr, 1808.— Harangue devant le roi Charles VI, en 1405, par Jehan Gerson, 1824.—Vie littéraire de Forbonais, par De l'Isle-de-Sales, 1801 — Dissertat. hist. et polit. sur l'ostracisme et le pétalisme, par Legrand de Laleu, an VIII.—Observ. morales et politiques sur les journaux détracteurs du xviii* siècle, de la philosophie et de la révolution.— Notice sur J.-A. de Thou, par Lemontey, 1821.—Discours sur le romantisme, par Auger, 1824.—Des avantages de la légitimité, par Audibert, 1824, etc.

213. Mélanges littéraires, rec. par Fayolle. *Paris*, 1816. — Éloge de saint Jérôme, *Paris*, 1817. — Des Penchans, par Cochius, trad. par Reclam. *Amst.*, 1769, en 1 vol. in-12, demi-rel.

214. Mélanges posthumes d'histoire et de littérature orientales, par A. Rémusat. *Paris, Imp. royale*, 1843, in-8, br.

215. Œuvres complètes de lord Byron, trad. par Benjamin Laroche. *Paris, Charpentier*, 1836, 4 vol. gr. in-8, demi-rel. d. et c. v. rose tête dor. n. rog. *Nombreuses figures.*

216. Christiani Gottlieb Schwartz, professoris quondam in universitate Altdorfina celeberrimi, Opuscula quædam academica varii argumenti. *Norimbergæ*, 1793, in-4, demi-rel. bas. *Planches.*

217. Krina et sa Doctrine. —Bhagavat Dasam Askand. —Dixième livre du Bhagavat Pourama ; trad. par Th. Pavie. *Paris, Duprat*, 1852, in-8 br.

HISTOIRE.

Géographie.—Voyages.

218. Géographie de Strabon, trad. du grec en français. *Paris, Imp. Impér.*, 1805, 5 vol. in-4, cart. non rogn.
    Exemplaire en grand papier vélin.

219. Commentaire géographique sur l'Exode et les Nombres, par Léon de Laborde, auteur des Voyages de l'Arabie Pétrée et de l'Asie Mineure. *Paris*, 1841, in-fol. br. 10 cartes.

220. Description de la Grèce de Pausanias, trad. par Clavier, avec le texte grec. *Paris*, 1814, 7 vol. dont 1 pour les notes, in-8, demi-rel. bas.

221. Essai sur la topographie du Latium ; thèse pour le doctorat, par Ernest Desjardins. *Paris, Durand*, 1854, in-4, br. *Cartes et planches.*

222. Géographie ancienne et historique, composée d'après les cartes de d'Anville, par L. B. D. M. *Paris*, 1807, 2 vol. in-8, v. rac.

223. Atlas universel de géographie physique, politique et historique, ancienne et moderne, par Brué. *Paris*, 1822, in-fol. dem.-rel. maroq.

224. Géographie ancienne, historique et comparée des Gaules, par Walkenaër. *Paris*, 1839, 3 vol. in-8 et atlas in-4 br.

225. Éclaircissements géographiques sur l'ancienne Gaule, par d'Anville. *Paris*, 1741, in-12, v. fau.

226. Baudrand (M.-A.). Geographia, ordine litterarum disposita. *Parisiis, Michalet*, 1682, 2 tomes en 1 vol. in-fol. relié en vélin.

227. Voyage en Italie de M. Barthélemy. *Paris*, 1801, in-8, 1 *figure.*—Lettres écrites d'Italie en 1812 et 13

à M. Charles Pictet, par Lullin de Châteauvieux. *Genève*, 1820, in-8.—Ens. 2 vol. demi-rel. bas.

228. Itinéraire de Paris à Jérusalem et de Jérusalem à Paris, en allant par la Grèce et revenant par l'Egypte, la Barbarie et l'Espagne, par de Chateaubriand. *Paris*, 1811, 3 vol. in-8, cartonné. *Cartes.*

229. Description de l'Afrique septentrionale, par El-Bekri, trad. par Mac Guckin de Slane. *Paris, Imp. Impér.*, 1859, in-8 br.

230. Journey through Arabia Petræa, to mount Sinaï and the excavated city of Petra, the Edom of the prophecies, by de Laborde. *London*, 1836, in-8. *Cartes et figures.*

231. Voyages de l'embouchure de l'Indus à Lahor, Caboul, Balkh et à Boukhara ; et retour par la Perse (1831-33), par Burnes, trad. par Eyriès. *Paris*, 1835, 3 vol. in-8 demi-rel. v. ant.

232. Souvenirs d'un voyage dans la Tartarie, le Thibet et la Chine, pend. les années 1844, 1845 et 1846, par M. Huc. *Paris*, 1853, 2 vol. in-12, demi-rel. bas.

233. Voyages, relations et mémoires originaux pour servir à l'histoire de la découverte de l'Amérique, par H. Ternaux-Compans. *Paris*, 1811, 2 vol. in-8, br. (1re et 2e part.)

234. Voyage au pôle Sud et dans l'Océanie sur les corvettes l'*Astrolabe* et la *Zélée*, exécuté par ordre du roi pendant les années 1837-38-39 et 40, sous le commandement de M. J. Dumont d'Urville. *Paris, Gide*, 1841-54, in-8 cart., et in-fol., demi-rel. mar.

Histoire du voyage, 10 vol. (*manque* 2e part. *du tome II et tome III*).—Physique, 1 vol.—Botanique, 2 vol.—Géologie et minéralogie, 1 vol.—Hydrographie, 2 vol.—Zoologie, 5 vol. Le tout in-8 cart.

Atlas pittoresque, 2 vol.—Zoologie, 1 vol. (fig. coloriées).—Botanique, 1 vol.—Anthropologie et géologie, 1 vol. Ensemble 5 vol. grand in-fol., demi-rel. maroq. bleu.

235. Essai sur la différence du nombre des hommes dans

les temps anciens et modernes, trad. de l'anglais de
R. Wallace, par de Joncourt. *Londres*, 1754, pet.
in-8, v. mar.

Histoire des Religions.

236. Recherches hist. et critiques sur les mystères du
paganisme, par de Sainte-Croix ; sec. édit.. rev. et
corrigée par Silvestre de Sacy. *Paris*, 1817, 2 vol.
in-8, demi-rel. v. bleu.

237. Histoire de la destruction du paganisme dans
l'empire d'Orient, par E. Chastel. *Paris*, 1850,
in-8, br.

238. Traité des superstitions, par J.-B. Thiers. *Paris*,
1741, 4 vol. in-12, bas.

239. Histoire critique des pratiques superstitieuses, par
le R. P. Le Brun. *Paris*, 1732, 4 vol. in-12, v. gr.

240. Histoire de l'établissement du christianisme, tirée
des seuls auteurs juifs et païens, par Bullet. *Besançon*,
1764, in-4, v. m.

241. Essai historique sur la destruction des ordres religieux en France au xviiie siècle, par P.-J.-M. Prat.
(*Paris*, 1845, in-8, br.

242. Traité de l'autorité des rois, touchant l'administration de l'Église, par Talon. *Amsterdam*, 1700,
in-8, v. gr.

243. Histoire des ordres monastiques, religieux et
militaires, et des congrégations séculières de l'un et
de l'autre sexe (par le P. Hélyot, continuée par le
P. Maximilien Bullot). *Paris*, 1714-19, 8 vol. in-4,
v. br. *Figures.*
Rare et recherché.

244. **Scolastica historia.**—*A la fin :* Historia Scolastica sup libros biblie composita a magistro Petro
Manducatoris finit feliciter. In-4, goth. *S. l. n. d.*,
v. brun.

245. Histoire du concile de Trente, de Fra Paolo Sarpi. trad. par Amelot de la Houssaye. *Amst.*, 1686. in-4, v. gr.

246. Histoire de la lutte des papes et des empereurs de la maison de Souabe, de ses causes et de ses effets, par C. de Cherrier. *Paris*, 1841, 4 vol. in-8, br.

247. LUTTE DES PAPES ET DES EMPEREURS. Remarques pour servir à l'histoire des papes et des empereurs. Fort vol. in-4, dem-rel. mar. n.

> Manuscrit de la fin du xviie siècle, provenant de la bibliothèque du président de Meynière.

248. Les Censures des théologiens de Paris, par lesquelles ils avoyent faulsement condamné les Bibles imprimées par Robert Estienne, imprimeur du Roy, avec la response d'iceluy Robert Estienne, trad. de latin et en françois. *Rob. Estienne*, 1552, in-8, v. fau. fil. tr. dor.

249. Essai sur l'esprit et l'influence de la réformation de Luther, par C. Villers. *Paris, Didot*, 1808, in-8, demi-rel. v. ant.

250. La Guerre séraphique ou Histoire des périls qu'a courus la barbe des capucins par les violentes attaques des cordeliers. *La Haye*, 1765, in-12, bas.

251. Traité sur les miracles, dans lequel on prouve que le diable n'en saurait faire pour confirmer l'erreur, par J. Serces. *A Amst.*, 1729, in-12, v. mar.

252. Compendiose notizie sulla congregazione de' monaci armeni, mechitaristi di Venezia nell' isola di S. Lazzaro (avec texte arménien). *Tipographia di suddetta isola*, 1819, in-12, demi-rel. bas.

253. Histoire du privilége de Saint-Romain, en vertu duquel le chapitre de la cathédrale de Rouen délivrait anciennement un meurtrier, tous les ans, le jour de l'Ascension, par A. Floquet. *Rouen*, 1833, 2 vol. in-8, br. *figures.*

254. Les abbés de Saint-Bertin, d'après les anciens mo-

numents de ce monastère; par Henri de Laplane. *Saint-Omer*, 1854, 2 vol. in-8, br. *40 pl. lithogr.*

255. Études sur l'état intérieur des abbayes cisterciennes, et principalement de Clairvaux, aux XIIe et XIIIe siècles, par d'Arbois de Jubainville. *Paris*, 1858, in-8, br.

256. Cluny au onzième siècle; son influence religieuse, intellectuelle et politique, par l'abbé Cucherat. *Mâcon*, 1851, gr. in-8, br. pl.

257. Polyptyque de l'abbaye de Saint-Remi de Reims, ou Dénombrement des manses, des serfs et des revenus de cette abbaye, vers le milieu du neuvième siècle de notre ère, par M. B. Guérard. *Paris*, 1853, in-4, br.

258. Polyptyque de l'abbé Irminon ou État des terres, des revenus et des serfs de l'abbaye de Saint-Germain-des-Prés sous le règne de Charlemagne, publ. par Guérard. *Paris, Imp. roy.*, 1836 (1re *livr.*, *part. latine*). — Prolégomènes, commentaires et éclaircissements. *Paris*, 1844 (T. 1er, 2 part.); ens. 3 part. in-4, br.

Histoire ancienne, grecque et romaine.

259. L'Art de vérifier les dates des faits historiques, des chartes, etc., depuis la naissance de J.-C. (commencé par D. Maur.-Franc. d'Antine, D. Clémencet et D. Durand; continué et publié par D. F. Clément). *Paris*, 1783-87, 3 vol. in-fol., v. rac.
    Bel exemplaire de cette édition très-estimée.

260. Histoire générale des Huns, des Turcs, des Mogols et des autres Tartares occident., etc., avant J.-C. jusqu'à présent, par Deguignes. *Paris*, 1756, 5 vol. in-4, v. m.

261. Histoire d'Hérodote, trad. du grec, par Larcher. *Paris, Debure*, 1802, 9 vol. in-8, demi-rel.

262. Histoire de la guerre du Péloponèse, par Thucydide, trad. par A.-F. Didot. *Paris, F. Didot*, 1833. 4 vol. in-8, gr. pap. vél. demi-rel. mar. rou. n. rog.

263. Bibliothèque historique de Diodore de Sicile, trad.
par A.-F. Miot. *Paris, Imp. Roy.*, 1834, 7 vol. in-8,
v. ant. filets.

264. C. Cornelii Taciti Opera quæ exstant, ex recens.
et cum animadvers. Th. Ryckii. *Lugd. Bat.*, *apud J.
Hackium*, 1687, 2 vol. in-8, v. gr.
> Exemplaire de d'Aguesseau.

265. Titi Livii historiarum quod extat, ex recensione
J. F. Gronovii. *Amstel.*, *apud Dan. Elzerium*, 1678,
in-12, mar. rou. tr. dor.
> Très-bel exemplaire relié par Thouvenin.

266. Les Césars, de l'empereur Julien; trad. du grec par
de Spanheim. *Amst.*, 1728, in-4, v. gr. *Fig. de médailles.*

267. Histoire des empereurs et des autres princes qui
ont régné durant les six premiers siècles de l'Église,
de leurs guerres contre les Juifs, etc. , par Lenain de
Tillemont. *Paris, Robustel*, 1720, 6 vol. in-4, v. marb.
> En tête du premier vol. se trouve une note manuscrite autog. de
> l'auteur.

268. Histoire des guerres civiles de la république romaine, trad. du texte grec d'Appien d'Alexandrie par
Combes-Dounous. *Paris*, 1808, 4 vol. in-8, demi-
rel. bas.

269. C. Crispi Salustii de conjuratione Catilinæ Historia.
Parisiis, ex. off. Rob. Stephani, 1544, pet. in-8, mar.
vert anc. rel. tr. dor. *(Derome.)*

270. Histoire romaine de Dion Cassius, trad. en français, avec des notes critiques, historiques, etc., et le
texte en regard, par E. Gros. *Paris, F. Didot*, 1845,
4 vol. gr. in-8, br.

271. Histoire ancienne de Rollin. — Histoire romaine,
par le même. *Paris*, *Vᵉ Estienne*, 1758, 30 t. en 29
vol. in-12, v. m. fil. tr. dor.

272. L'Église et l'empire romain au ıvᵉ siècle, par Albert
de Broglie (Règne de Constantin). *Paris, Didier*,
1856, 2 vol. in-8, br.

273. Histoire de la décadence et de la chute de l'empire

romain, trad. de l'anglais d'Ed. Gibbon, par Guizot. *Paris*, 1828, 15 vol. in-8, demi-rel. v. rou.

274. Essai sur l'histoire des Arabes avant l'islamisme, pendant l'époque de Mahomet et jusqu'à la réduction de toutes les tribus sous la loi musulmane, par Caussin de Perceval. *Paris*, *Didot*, 1847, 3 vol. in-8, br.

Histoire de France.

275. Recueil des historiens des Gaules et de la France, etc., accompagné de sommaires, de tables et de notes, publ. par dom Martin Bouquet, Haudiquier, D. Clément, Guigniault, de Wailly et autres. *Paris*, 1738-1855, 21 vol. in-fol., v. marb. (*Aux armes de France.*) Le dernier vol. est broché.

275 *bis*. Gregorius Turonensis. Opera omnia, nec non Fredegarii Epitome et Chronicon, cum suis continuatoribus et aliis antiquis monumentis : ad codd. mss. et vet. editiones collata, emendata aucta et illustrata opera et studio Theoderici Ruinart. *Parisiis*, 1699, in-fol., v. mar.

276. Histoire de la Gaule sous l'administration romaine, par A. Thierry. *Paris*, 1840, 3 vol. in-8, br.

277. Sumna historiæ gallo-francicæ civilis et sacræ, ed. a J.-Mic. Lorenz. *Argentorati*, *Treuttel*, 1790, 2 vol. in-8, dem.-rel., v. ant.

278. De veterum acclamationibus et plausu libri septem F. Bernardini Ferrarii. *Mediolani*, 1627, in-4, v. gr.

279. Nouvel Abrégé chronologique de l'histoire de France, par le président Hénault. *Paris*, 1749, in-4, mar. vert tr. dor. *Avec le recueil des portraits gravés par Odieuvre.*

280. Tables chronologiques des diplômes, chartres, titres et actes imprimés, concernant l'histoire de France, par de Bréquigny, continuée par Pardessus. *Paris. Imp. Roy.*, 1836-1850, 3 vol. in-fol., br. Tomes IV, V et VI.

281. Diplomata, chartæ, epistolæ, leges aliaque instrumenta ad res gallo-francicas spectantia prius, collecta AVV.CC. de Bréquigny et La Porte du Theil, edidit Pardessus. *Lutetiæ Paris., ex typogr. Regio,* 1843-49, 2 vol. in-fol., br.

282. Abrégé chronologique des grands fiefs de la couronne de France, avec la Chronologie des princes et seigneurs, par Brunet. *Paris,* 1759, pet. in-8, v. mar. fil.

283. La grand Monarchie de France, composée par mess. Cl. de Seyssel, lors evesque de Marseille.—La Loy Salicque, première loy des Francoys. *—On les vend en la grand salle du Palays, au premier pilier, en bouticque de Galiot du Pré,* 1541, pet. in-8, v. mar.

284. Recueil des Roys de France, leurs couronnes et maisons, par J. du Tillet. *Paris,* 1607, 2 vol. in-4, v. mar. *Figures en bois.*

285. De la Monarchie française, depuis son établissement jusqu'à nos jours, par le comte de Montlosier. *Paris,* 1814, 3 vol. demi-rel.

286. Traitez des premiers officiers de la couronne de France, soubz noz roys de la première, seconde et troisième lignée, par And. Favyn. *Paris,* 1613, pet. in-8, v. rac.

287. Observations sur l'histoire de France, par l'abbé de Mably. *Paris,* 1823, 3 vol. in-8, br.

288. Histoire de la Civilisation en France, depuis la chute de l'empire romain, par M. Guizot. *Paris, Didier,* 1840, 4 vol.—Histoire de la Civilisation en Europe, par le même. 1840. Ens. 5 vol. in-8, br.

289. Études germaniques pour servir à l'histoire des Francs, par Ozanam. *Paris, Lecoffre,* 1847, 2 vol. in-8, br.

290. Les Origines, ou l'ancien gouvernement de la France, de l'Allemagne et de l'Italie (par Du Buat), édit. revue et corrigée. *La Haye,* 1789, 3 vol. in-8, br.

291. Essais sur l'histoire de France, par M. Guizot. *Paris*, 1836, in-8, demi-rel. v. fauve.

292. Histoire des races maudites de la France et de l'Espagne, par Francisque Michel. *Paris*, 1847, 2 vol. in-8, br.

293. Recherches historiques sur le tabellionage royal en France, et principalement en Normandie, par Barabé. *Rouen*, 1850, in-8, br.

294. Institutions provinciales, communales, et corporations, par Just Paquet. *Paris*, 1835, in-8, br.

295. Histoire de la milice française, par le R. P. G. Daniel. *Paris*, 1728, 2 v. in-4, v. m. *Planches.*

296. Conséquences du système de cour établi sous François Ier, par Rœderer. *Paris, Bossange*, 1833, in-8, demi-rel. v. fauve.

297. Mémoire pour servir à l'histoire de la société polie en France, par P.-L. Rœderer. *Paris, F. Didot*, 1835, in-8, demi-rel. v. fauve.

    Très-rare. Cet ouvrage n'a pas été mis dans le commerce.

298. Époques de l'histoire de France en rapport avec le théâtre français, dès la formation de la langue jusqu'à la Renaissance, par O. Leroy. *Paris, Hachette*, 1843, in-8, br.

299. Collection de documents inédits sur l'histoire de France, publ. par les soins du ministre de l'instruction publique, 1835-56, 71 vol. in-4, cart. et br.

    Chronique des religieux de Saint-Denis, 6 vol. — Correspondance administrative sous Louis XIV, 4 vol. — Documents hist. extraits des bibliothèques et archives, 4 vol. — Chronique des ducs de Normandie, 3 vol. — Succession d'Espagne, 4 vol. — Monuments de l'hist. du tiers-état, 2 vol. — Lettres missives d'Henri IV, 6 vol. — Les Olim, 4 vol. — Négociations de la France dans le Levant, 3 vol. — Papiers d'État du card. de Grandvelle, 9 vol. — Cartulaire de l'abbaye de Saint-Père de Chartres, 2 vol. — Lettres de rois et reines, 2 vol. — Architecture monastique, 2 vol. — Ambassadeurs vénitiens, 2 vol. — Cartulaire de N.-D. de Paris, 4 vol. — Négociations entre la France et l'Autriche, 2 vol. — Éclaircissements de la langue française, 1 vol. — Captivité de François Ier, 1 vol. — Paris sous Philippe le Bel, 1 vol. — Le livre des métiers, 1 vol. — Histoire de Dieu, 1 vol. — Négociations relat. au règne de François II, 1 vol. —Cartulaire de l'abbaye de Saint-Bertin —Le livre de justice et de plet. 1 vol. — P.-v. des états généraux, 1 vol. — Les quatre livres des rois, 1 vol. — Journal des états-généraux, 1 vol. — Conseils du roi Charles VIII, 1 vol.

300. Ouvrages publiés par la Société de l'Histoire de France, depuis sa fondation en 1834. *Paris*, 68 vol. gr. in-8, br.

L'ystoire de li normant, etc., 1 vol. ═ Histoire ecclésiastique de Francs, par Grégoire de Tours, *texte* et *trad.* 4 vol. ═ Lettres du card. Mazarin à la reine, etc., 1 vol. ═ Mémoires de Pierre de Fénin, 1 vol. ═ De la conqueste de Constantinople, par Villehardouin, 1 vol. ═ Orderici, vitalis historia ecclesiastica, 5 vol. ═ Correspondance de l'empereur Maximilien, et de Marguerite sa fille, 2 vol. ═ Histoire des ducs de Normandie, etc., 1 vol. ═ Œuvres complètes d'Eginhard, 2 vol. ═ Mémoires de Philippe de Commynes, 3 vol. et Append. ═ Lettres de Marguerite d'Angoulême, 1 vol. ═ Procès de condamnation et de réhabilitation de Jeanne d'Arc, 5 vol et Append. ═ Mémoires et lettres de Marguerite de Valois, 1 vol. ═ Chronique latine de Guillaume de Nangis, 2 vol. ═ Mémoires du comte de Coligny-Saligny, etc., 1 vol. ═ Histoire des Francs, par Richer, 2 vol. ═ Registres de l'Hôtel de ville de Paris, pendant la Fronde, 3 vol. ═ Journal du règne de Louis XV, par F. Barbier, 4 vol. ═ Bibliographie des mazarinades, par M. Moreau, 3 vol. ═ Comptes de l'argenterie des rois de France, au xive siècle, 1 vol. ═ Mémoires de Daniel de Cosnac, 2 vol. ═ Choix de mazarinades, par M. Moreau, 2 vol. ═ Journal d'un bourgeois de Paris sous François 1er, 1 vol. ═ Mémoires de Mathieu Molé, 4 vol. ═ Histoire des règnes de Charles VII et de Louis XI, par Th. Basin, 4 vol. ═ Chroniques des comtes d'Anjou, tome 1er ═ Œuvres diverses de Grégoire de Tours, 2 vol. ═ Chroniques de Monstrelet, 3 vol. ═ Anchiennes cronicques d'Engleterre, par Jehan de Wavrin, 2 vol. ═ Journal et mémoires du marquis d'Argenson, 2 vol. ═ Miracles de saint Benoist, 1 vol.

301. Invasions des Sarrazins en France et de France en Savoie, en Piémont et dans la Suisse, pendant les viiie, ixe et xe siècles de notre ère, par Reinaud. *Paris*, 1836, in-8, demi-rel. v. viol.

302. Histoire des expéditions maritimes des Normands, et de leur établissement en France au dixième siècle, par Depping. *Paris*, 1826, 2 vol. in-8, demi-rel.

303. Collection complète des mémoires relatifs à l'histoire de France, depuis le règne de Philippe-Auguste, jusqu'à la paix de Paris, conclue en 1763, avec des notices sur chaque auteur et des observations par MM. Petitot et Monmerqué. *Paris, Foucault*, 1819-29. 131

vol. y compris le tom. 24 bis de la II⁰ série , cart. en percal. n. rog.

304. OEuvres complètes du seigneur de Brantôme, accompagnées de rem. hist. et critiques. *Paris, Foucault*, 1822, 8 vol. in-8, d.-rel. v. fau.

305. Choix de chroniques et mémoires sur l'histoire de France , avec notes biograph. par Buchon. *Paris*, 1836, in-8, br.

306. Collection des meilleures dissertations , notices et traités particuliers relatifs à l'histoire de France , par Leber, Salgues et Cohen. *Paris, Dentu,* 1826, 20 vol. in-8. d.-rel. v. fau.

307. BONGARSIUS. Gesta Dei per Francos, sive, oriental. expeditionum et regni Francorum Hyerosolymitani scriptores varii. *Hanoviæ*, 2 tom. en 1 vol. in fol., v. gr.

308. Récit de la première croisade, extrait de la chronique de Matthieu d'Édesse et trad. de l'arménien par Ed. Dulaurier. *Paris, Duprat,* 1850, in-4, br.

309. Histoire des croisades, par M. Michaud. *Paris, Ducollet,* 1838, 6 vol. — Bibliothèque des croisades, par M. Michaud. *Paris*, 1829, 4 vol. ; ens. 10 vol. in-8, v. ant. fil. *Cartes.*

310. Essai sur l'influence des croisades, par Heeren trad. de l'all. par Villers. *Paris*, 1808, in-8, bas.

311. Chroniques étrangères relatives aux expéditions françaises pend. le xiii⁰ siècle, publ. pour la première fois, élucidées et trad. par Buchon. *Paris*, 1840, in-8, br.

312. Recherches et matériaux pour servir à une histoire de la domination française aux xiii⁰, xiv⁰ et xv⁰ siècles dans les provinces démembrées de l'empire grec à la suite de la quatrième croisade, par Buchon. *Paris*, 1840, 2 part. in-8, br.

---

313. Histoire de l'administration monarchique en France

depuis l'avènement de Philippe-Auguste jusqu'à la mort
de Louis XIV , par A. Chéruel. *Paris* , 1855 , 2 vol.
in-8, br.

314. Histoire de Jeanne d'Arc , surnommée la pucelle
d'Orléans, par Le Brun des Charmettes. *Paris*, 1817,
4 vol. in-8, d.-rel. bas. *Figures.*

315. Examen critique de l'histoire de Jeanne d'Arc, suivi
de la relation de la fête célébrée à Dom-Remi en 1820,
par de Haldat. *Nancy*, 1850, in-8, br. *Portraits et 3*
planches.

316. Jacques Cœur et Charles VII ou la France au xvᵉ
siècle, par P. Clément. *Paris*, 1853, 2 vol. in-8, br.
Portraits.

317. Histoire amoureuse des Gaules, par le comte
Bussy-Rabutin. *A Cologne, chez P. Marteau,* 1740.
4 vol. pet. in-12, v. gr.

318. Lettre du père de Chantelouve aux nouvelles cham-
bres de justice. 1632, pet. in-4, v. fau. fil. tr. dor.

> « Cette lettre du P. Chantelouve est rare. C'est un morceau d'his-
> « toire très-intéressant sur Louis XIII et le cardinal de Richelieu.
> « On sçait que ce ministre tout-puissant n'épargnoit ni soins ni dé-
> « penses pour soustraire les exemplaires des ouvrages qui se pu-
> « blioient contre luy. Il en est peu d'aussi bien écrit et d'aussi
> « solide que cette lettre dont on ignore l'autheur. Elle fut écrite pen-
> « dant le séjour de la reine mère à Bruxelles ; on y a joint quelques
> « autres lettres de la reine au Roy, qui rendent cet exemplaire
> « encore plus précieux, 1779. »
>
> (*Note manuscrite en tête du volume*).

319. Mémoires de madame de la Guette , rev. , annot.
et précéd. d'une notice par Moreau. *Paris, Janet,*
1856, in-12, cart.

320. Mémoires complets et authentiques du duc de
Saint-Simon , sur le siècle de Louis XIV et de la ré-
gence. *Paris, Sautelet,* 1829, 21 vol. in-8, d.-rel. v.

321. Le gouvernement de Louis XIV de 1683 à 1689,
par P. Clément. *Paris*, 1848, gr.-8, br. — De l'administration de Louis XIV (1661-1672) d'ap. les mémoires inédits d'Ol. d'Ormesson, par A. Chéruel.

322. Histoire philosophique du règne de Louis XV, par le comte de Tocqueville. *Paris, Amyot*, 1847, 2 vol. in-8, br.

323. Mémoires de M. le duc de Lauzun. *Paris, Barrois*, 1822, in-8, d.-rel. v.

324. Mémoires authentiques de Jacques Nompar de Caumont, duc de La Force, maréchal de France et de ses deux fils les marquis de Montpouillan et de Castelnaut, publ. par le marquis de La Grange. *Paris,* 1843, 4 vol. in-8, br.

325. Mémoires de la baronne d'Oberkirch, publ. par le comte de Montbrison. *Paris, Charpentier,* 1853, 2 vol. in-12, d.-rel. bas.

326. Mémoires de Frédérique Sophie Wilhelmine de Prusse, Margrave de Bareith, sœur de Frédéric-le-Grand. *Paris,* 1811, 2 vol. in-8, d.-rel. bas.

327. Mémoires et correspondance de madame d'Epinay. *Paris,* 1818, 3 vol. in-8, d.-rel. m. rou.

328. Recueil de pièces relat. au procès de la comtesse de La Motte-Valois, du prince de Rohan, Cagliostro, etc. 1786, in-4.

329. Des états-généraux et autres assemblées nationales. *Paris,* 1788, 18 vol. in-8, d.-rel., dont 1 cont. la table générale manuscrite.

330. Mémoires privés, militaires, politiques et religieux, du comte de P...., (de Palmes d'Espaing), maréchal des camps et armées de sa majesté le roy de France et de Navarre, écrit par lui-même, pendant les années 1793, 94, 95, 96, 97, 98, 99, contenant plusieurs événements intéressants, qui se sont passés sous ses yeux depuis l'année 1743 jusqu'à l'époque actuelle, auxquels il a ajouté une table des matières. 6 vol. in-4, cart.

Important et curieux manuscrit. — INÉDIT. —Très-bonne écriture cursive.

331. L'Ancien régime et la Révolution, par Alexis de Tocqueville. *Paris,* 1856, in-8, br.

332. Histoire de la révolution du 10 août 1792, **par**
Peltier, 4ᵉ édit., revue, corrigée et augmentée d'anecdotes sur les massacres des 2 et 3 septembre. *Londres*, 1797, 2 vol. in-8, bas.

333. Collection de Mémoires relatifs à la révolution
française, publ. par MM. Berville et Barrière. *Paris,
Baudoin*, 1821 et suiv., 54 vol. in-8, dem -rel., v.
fauve.

334. Mémoires et Correspondance de Mallet du Pan.
Paris, 1851, 2 vol. in-8, dem.-rel. v. fauve.

335. Journal historique de la révolution opérée dans la
constitution françoise par M. de Maupeou. *Londres*,
1774, 7 vol. in-12.—Les Efforts du patriotisme, ou
Recueil des écrits publiés pendant le règne du chancelier Maupeou. *Paris*, 1775, 2 vol.—Le Maire du
palais, 1 vol. Ens. 10 vol. in-12, bas.

336. Histoire parlementaire de la révolution française,
par Buchez. Constituante, 5 vol.—Législative, 2 vol.
Ensemble 7 vol. in-12, demi-rel., v. fauve.

337. Mémoires du comte Miot de Mélito. *Paris, Lévy*,
1858, 3 vol. in-8, demi-rel., bas.

338. Le Procès de Louis XVI, ou coll. complète des
opinions, discours et mémoires des membres de la
Convention nationale, sur les crimes de Louis XVI.
Paris, an III, 9 tom. en 5 vol. in-8, dem.-rel.

339. Chronique de cinquante jours, du 20 juin au 10
août 1792, par P.-L. Rœderer. *Paris*, 1832, in-8,

340. Mémoires d'un ministre du trésor public.—1780-
1815.—*Paris*, 1845, 4 vol. in-8, br.

341. Journal d'un déporté non jugé, ou Déportation en
violation des lois, décrétée le 8 fructidor an V. *Paris,
Didot*, 1834, 2 vol. in-8, br.

342. Histoire du Consulat et de l'Empire, par A. Thiers.
Paris, Paulin, 1845, 17 vol. in-8, demi-rel., v. f.;
les 6 derniers brochés, et atlas en portef.

343. Mémoires et Correspondance politique et militaire

du roi Joseph, publ., annot. et mis en ordre par Du
Casse. *Paris, Perrotin*, 1853, 10 vol. in-8, br.

344. Mémoires, ou Souvenirs et Anecdotes par le comte
de Ségur. *Paris,* 1825, 3 vol. in-8, dem.-rel., v. ant.
Portrait.

345. Mémoires politiques et Correspondance diplomatique de J. de Maistre, avec explicat. et comment.
historiq. par A. Blanc. *Paris*, 1858, in-8, br.

346. Histoire du gouvernement parlementaire en France
(1814-1848), précédée d'une Introduction par M. Duvergier de Hauranne. *Paris,* 1857-60, tom. I-IV,
in-8, br.

347. Compte-Rendu des séances de l'Assemblée nationale législative.—Du 28 mai 1849 au 1er décembre
1851.—*Paris, typogr. Panckoucke*, 17 vol. in-4, br.

Noblesse.

348. Traité de la noblesse et de toutes ses différentes
espèces, nouv. édit., augm. des Traités du blason des
armoiries de France : de l'origine des noms, sur-
noms, et du ban et arrière-ban, par de La Roque.
Rouen, 1761, in-4, v. m.

349. Origine de la noblesse françoise, par le vicomte
d*** (d'Alès de Corbet). *Paris, Desprez,* 1766.—Essai sur la noblesse de France, par Boulainvilliers.
Amst., 1732. Ens. 2 vol. in-12, v. m.

350. Dictionnaire héraldique, par M. G. D. L. T.
(Gastellier de la Tour). *Paris,* 1777, pet. in-8, v. m.

351. Dictionnaire généalogique, héraldique, chronologique et historique, par M. D. L. C. D. B. (La Ches-
naye des Bois). *Paris, Duchesne,* 1757, 3 vol. pet.
in-8, v. mar.

352. Les Statuts de l'ordre du Saint-Esprit, establi par
Henri, IIIe du nom, roy de France et de Pologne.
Imp. Roy., 1740, in-4, mar. rouge. (*Aux armes de
France.*)

Histoire des villes et provinces de France.

353. Histoire de la ville et de tout le diocèse de Paris, par l'abbé Lebeuf. *Paris, Prault,* 1754, 15 vol. in-12, v. marb.

354. Histoire de Paris et de son influence en Europe, depuis les temps les plus reculés jusqu'à nos jours, par A.-J. Meindre. *Paris,* 1855, 5 vol. in-8, br.

355. Plan de la ville de Paris, dit de Gomboust, gravé en fac-simile, par E. Lebel, sur celui publié en 1652, par Gomboust, dédié au président Séguier, *publié par la Société des bibliophiles françois.* 11 feuilles gravées et 7 feuilles de texte, gr. in-fol. (*dans un portefeuille*), accomp. d'une notice sur le plan de Gomboust, par Leroux de Lincy, in-12, br.

356. Extraits originaux d'un manuscrit de Quentin de la Fons, intitulé Histoire particulière de la ville de Saint-Quentin, publiés pour la première fois par Ch. Gomart. *Paris,* 1856, 2 vol. in-8, br. *Planches.*

357. Histoire du parlement de Normandie, par A. Floquet. *Rouen,* 1840, 7 vol. in-8, br.

358. Études sur la condition de la classe agricole et l'état de l'agriculture en Normandie, au moyen âge, par Léopold Delisle. *Évreux, Herissey,* 1851.

Ouvrage couronné, devenu rare.

359. Histoire pittoresque du Mont-Saint-Michel et de Tombelenc, par Max. Raoul. *Paris, A. Ledoux,* 1834, gr. in-8, br. *14 grav. à l'eau-forte.*

360. Histoire des peuples bretons dans la Gaule et dans les îles Britanniques, par A. de Courson. *Paris,* 1846, 2 vol. gr. in-8, br.

361. Histoire de la ville épiscopale et de l'arrondissement de Saint-Dié (Vosges), par Gravier. *Épinal,* 1836, in-8, br.

562. Histoire des villes (vieille et neuve) de Nancy, depuis leur fondation jusqu'en 1788, par J.-J. Lionnois. *Nancy,* 1811, 3 vol. in-8, cart. *Plan.*

363. Histoire et description pittoresque de la cathédrale de Metz, des églises adjacentes et collégiales, par Em. Bégin. *Metz*, 1842, 2 vol. gr. in-8, br. *Figures*.

364. Mémoires historiques de la province de Champagne, par Baugier. *Chaalons*, 1721, 2 vol. in-12, dem.-rel., fig.

365. Histoire des ducs et des comtes de Champagne, depuis le vi[e] siècle jusqu'à la fin du xie, par H. d'Arbois de Jubainville. *Paris*, 1859, in-8, br.

366. Éphémérides de P.-J. Grosley, ouvrage historique publ. par Patris-de-Breuil. *Paris*, 1811, 2 vol. in-8, bas.

367. Œuvres inédites de P.-J. Grosley, publ. par Patris-Du-Breuil. *Paris*, 1812, 3 vol. in-8, dem.-rel., m. rouge.

368. Mémoires historiques et critiques pour l'histoire de Troyes, par Grosley. *Paris*, 1811, 2 vol. in-8, v. gr. *Figures*.

369. Histoire de l'abbaye de Morimond (diocèse de Langres), par l'abbé Dubois. *Paris*, 1851, gr. in-8, br. *Figures*.

370. Histoire de Bar-sur-Aube, par E. Chevalier. *Bar-sur-Aube*, 1851, in-8, dem.-rel., mar. *Figures*.

371. Recherches historiques et statistiques sur les principales communes de l'arrondissement de Langres. *Langres*, 1836, in-8, dem.-rel., v. ant.

272. Notices historiques, statistiques et littéraires sur la ville de Strasbourg. *Strasbourg*, 1817, 2 vol. in-8, dem.-rel., v. ant.

373. Archives d'Anjou, recueil de documents et mémoires inédits sur cette province, publié par P. Marchegay. *Angers*, 1843, gr. in-8, br.

374. Histoire du château de Blois, par L. de La Saussaye. *Blois*, 1840, gr. in-4, demi-rel. m. brun, n. rog. (*Simier*.) *Planches*, dont plusieurs ajoutées.

375. Monographie de la cathédrale de Chartres, par Lassus. *Paris*, 1842.

Atlas de 5 livr. de planches grand in-fol.

376. Recherches sur les antiquités de la ville de Vienne, par N. Chorier. *Lyon*, 1828, in-8, cart. *Figures.*

377. Essai historique sur l'abbaye de S. Barnard et sur la ville de Romans, par Giraud. *Lyon, imp. de Louis Perrin*, 1856 (première partie), 2 vol. in-8, br. *Planches.*

378. Histoire générale de Languedoc, avec des notes et les pièces justificatives, par deux religieux bénédictins de la congrégation de Saint-Maur (Claude de Vic et Joseph Vaissette). *Paris, J. Vincent*, 1730, 5 vol. in fol., v. gr. *Planches.*

379. Histoire de la commune de Montpellier, par **A.** Germain. *Montpellier*, 1850, 3 vol. in-8, br.

380. La major cathédrale de Marseille, par **C.** Bousquet. *Marseille*, 1857, in-8, br. *Planches.*

381. Essais historiques sur le Béarn, par **M.** Faget de Baure. *Paris*, 1818, in-8, dem.-rel., v. ant.

382. Notices statistiques sur les colonies françaises. *Paris, Imp. Roy.*, 1837-39, 3 vol. in-8, br.

Histoire des pays étrangers.

EUROPE.

383. Chronicon Placentinum et chronicon de rebus in Italia gestis...... Edid. et praefat. instruxit Huillard-Bréholles. Auspiciis et sumptibus H. de Albertis de Luynes. *Parisiis, excud. H. Plon*, 1856, in-4, br.

384. Essai sur l'état civil et politique des peuples d'Italie, sous le gouvernement des Goths, par Sartorius. *Paris*, 1811, in-8, v. rac.

385. Raccolta cronologico-Ragionata di documenti inediti che formano la storia dipplomatica della Revolutione e caduta della Republica di Venezia. *Augusta*, 1799, in-4, dem.-rel.

386. Histoire d'Italie pendant le moyen âge, par le D[r]

Henri Leo, trad. de l'all. par Dochez. *Paris*, 1837,
3 vol. in-8, dem.-rel. dos et coins mar. rou.

387. Istoria d'Italia di messer Francesco Guicciardini
alla miglior lezione ridotta dal professor G. Rosini.
Pisa, 1819, 10 vol. in-8, dem.-rel. bas. *Portrait.*

388. Istorie di Nic. Machiavelli cittadino e segretario
fiorentino. *Firenze*, 1818, 10 vol. in-8, dem.-rel.,
n. rog.

389. Histoire des républiques Italiennes du moyen âge,
par Simonde de Sismondi. Nouv. éd. revue et corrigée. *Paris*, 1826, 16 vol. in-8, dem.-rel. mout. v.
n. rog.

390. Études statistiques sur Rome et la partie occiden-
tale des États Romains, par le comte de Tournon.
Paris, 1831, 2 vol. in-8, et atlas in-4, dem.-rel.,
n. rog.

391. Histoire de la conquête de Naples par Ch. d'Anjou,
frère de St-Louis, par le Cte Al. de Saint-Priest.
Paris, 1847, 4 vol. in-8, br.

392. Recherches sur les établissements des Grecs en
Sicile, par W. Brunet de Presle. *Paris*, *Imp. Royale*,
1845, in-8, br.

393. Histoire d'Angleterre depuis l'avènement de Jacques II, par Macaulay, trad. par de Peyronnet.
Paris, 1853, tom. I et II, in-8, br. — Histoire du
règne de Guillaume III, par Macaulay, trad. par
A. Pichot. *Paris*, 1857, tom. I-III, br. — Ens.
5 vol.

394. Les Anglais et l'Inde, par E. de Valbezen. *Paris*,
1857, in-8, br.

395. Histoire de l'ancien pays de Liége, par L. Polain.
Liége, 1844, 1re et 2e part. in-8, br.

396. De la ligue Hanséatique, de son origine et de ses
progrès, etc., par H. Mallet. *Genève*, 1805, in-8,
dem.-rel.

397. La chronique de Nestor, trad. en français d'après

— 44 —

l'édit. imp. de Pétersbourg, accomp. de notes et d'un recueil de pièces inéd. touchant les anc. relat. de la Russie avec la France, par L. Paris. *Paris*, 1835, 2 vol. in-8, dem.-rel. v. f.

398. Histoire de l'anarchie de Pologne et du démembrement de cette république, par Rulhière. *Paris* 1807, 4 vol. in-8, bas.

399. Histoire des Bohémiens, ou tableau des mœurs, usages et coutumes de ce peuple nomade, par Grellmann, trad. de l'all. par J. *Paris*, 1810, in-8, v. rac.

400. Histoire de l'ordre des assassins, par de Hammer, trad. de l'all. par Hellert et De la Nourais. *Paris*, 1833, in-8, br.

401. Histoire des Seldjoukides et des Ismaliens ou Assassins de l'Iran, trad. du persan, par Defrémery. *Paris, Imp. Nat.*, 1849, in-8, br.

402. Histoire de l'empire de Constantinople sous les empereurs françois, par Geoffroy de Ville-Hardouin et Philippes Mouskes. *Paris, Imp. Roy.*, 1657, in-fol. v. gr.

ASIE.

403. Recherches sur la chronologie Arménienne technique et historique, ouvrage formant les prolégomènes de la coll. intitulée Biblioth. hist. Arménienne, par Ed. Dulaurier. *Paris, Impr. Imp.* 1859, in-4, br.

Tome Ier, chronologie technique.

404. Recherches sur le règne de Barkiarok, sultan Seldjoukide, par Defrémery. *Paris, Impr. Imp.* 1853, in-8, br.

405. Documents et mémoires servant de preuves à l'histoire de l'île de Chypre sous les Lusignans. *Paris, Impr. Imp.*, 1852-55, 2 part. gr. in-8, br.

406. Histoire d'Arménie par le patriarche Jean VI, trad.

de l'arménien en français par Saint-Martin. *Paris, Impr. Roy.*, 1841, in-8, br.

407. Relation des Mongols ou Tartares par le frère Jean Du Plan de Carpin, première édition complète publ. par M. D'Avezac. *Paris, A. Bertrand*, 1838, in-4, br. *Carte.*

408. Histoire des Khans Mongols du Turkistan et de la Transoxiane, trad. du persan, par Defrémery. *Paris, Impr. Imp.*, 1853, in-8, br.

409. Histoire des Samanides, par Mirkhond, texte persan, trad. par Defrémery. *Paris, Impr. Roy.*, 1845, in-8, br.

410. Histoire des relations politiques de la Chine avec les puissances occidentales, depuis les temps les plus anciens jusqu'à nos jours, suivie du cerémonial observé à la cour de Pé-King, trad. pour la première fois par G. Pauthier. *Paris, Didot*, 1859, in-8, br.

141. Cuba, ses ressources, son administration, sa population, au point de vue de la colonisation européenne et de l'émancipation progressive des esclaves, trad. de l'espagnol par Arthur d'Avrainville. *Paris, Impr. Nat.*, 1851, fort vol. gr. in-8, br.

ARCHÉOLOGIE.

412. Lezioni elementari di archeologia, da G. B. Vermiglioli. *Milano*, 1824, 2 t. en 1 vol. in-8, dem.-rel.

413. Antiquités grecques ou tableau des mœurs, usages et institutions des Grecs, trad. de l'angl. de Robinson. *Paris*, 1822, 2 vol. in-8, bas.

414. Iconographie grecque et Romaine, par Visconti. *Paris*, 1811, 7 vol. in-4, cart.—Planches de l'Iconographie grecque et romaine. — *Paris. imp. de P.*

Didot l'aîné, 1817, in-fol. max. dem.-rel. dos et coins mar. violet.

415. Athènes aux XVᵉ, XVIᵉ et XVIIᵉ siècles, par de Laborde. *Paris*, 1854, 2 vol. in-8, br., *planches*.

416. L'Acropole d'Athènes, par E. Beulé. *Paris, F. Didot*, 1853, 2 vol. in-8, br., *planches*.

417. Recherches sur la religion et le culte des populations primitives de la Grèce, par Alf. Maury. *Paris*, 1855, in-8, br.

418. Histoire des grands chemins de l'empire romain, par N. Bergier. *Bruxelles, J. Léonard*, 1728, 2 vol. in-4, v. m., *cartes et figures*.

419. Viaggio antiquario ne contorni di Roma di Antonio Nibby. *Roma*, 1819, 2 vol. in-8, br., *cartes et plans*.

420. Del foro romano della via sacra dell' anfiteatro flavio e de luoghi adjacenti, opera di Antonio Nibby. *Roma*, 1819, in-8, br., *planches*.

421. Antiquités romaines, par A. Adam. *Paris*, 1818, 2 vol. in-8, bas.

422. Antiquités romaines. Collection de 100 planches dessinées et grav. par L. Rossini. *Rome*, 1823, in-fol., max. dem.-rel. dos et coins de mar. rouge.

423. Commentaire de S.-F. Frontin sur les aqueducs de Rome, trad. avec le texte en regard par Rondelet. *Paris, imp. de F. Didot*, 1820, in-4, v. ant., filets.

423 *bis*. Mélanges d'épigraphie, par L. Renier. *Paris*, 1854, in-8, br.

424. APIANUS (Petrus). Inscriptiones sacro-sanctæ vetustatis non illæ quidem Romanæ, sed totius fere orbis. *Ingolst.*, 1534, in-fol., fig. en bois, bas.
Ouvrage estimé.—Rare.

425. Inscriptionum latinarum select. ampliss. Collectio ad illustrandam Romanæ antiquitatis cum inedit J.-C. Hagenbuchii suisque adnotat. edid. J.-C. Orellius. *Turici, typis Orellii*, 1828, 2 vol. gr. in-8, dem.-rel. v. ant.

426. Notitia dignitatum imperii romani, ex nova recensione Ph. Labbe. *Parisiis, e typogr. regia,* 1651, pet. in-12, v. gr.

427. Des journaux chez les Romains, recherches précédées d'un Mémoire sur les annales des pontifes, et sui vies de fragments de journaux de l'ancienne Rome, par Le Clerc. *Paris, F. Didot,* 1838, in-8, br.

428. Opere varie italiani e francesi di Ennio Quirino Visconti, raccolte e publ. per cura del dottor Giovanni Labus. *Milano,* 1827-31, 4 vol. in-8, dem.-rel., v. fauve. *Figures.*

429. La Metropolitana di Milano e dettagli rimarcabili di questo edificio con trentacinque tavole in rame. *Milano, Bocca,* 1824, in-fol. max. cart. *Planches.*

430. Musée des antiques, dessiné et gravé par Bouillon. peintre, avec des Notices explicatives par de Saint-Victor. *Paris, de l'imp. de P. Didot l'aîné,* 1811-27, 3 vol. gr. in-fol., dem.-rel., dos et coins de mar. viol.. ébarbé, n. rog. *Nombreuses figures.*

431. Histoire de l'esclavage dans l'antiquité, par H. Wallon. *Paris, imp. Roy.,* 1847, 3 vol. in-8, br.

432. Inscriptions chrétiennes de la Gaule antérieures au viiie siècle, réunies et annotées par Ed. Le Blant (Provinces gallicanes, t. I.) *Paris, imp. Imp.,* 1856, in-4, br.

433. Monuments celtiques, ou Recherches sur le culte des pierres, par Cambry. *Paris,* 1805, in-8, dem. rel., *planches.*

434. Les Forêts de la France dans l'antiquité et au moyen âge ; nouveaux essais sur leur topographie, leur histoire et la législation qui les régissait, par A. Maury. *Paris, imp. Imp.,* 1856, in-4, br.

435. Recherches sur le lieu de la bataille d'Attila, en 451, par Peigné-Delacourt. *Paris,* 1860. in-4, br. Planch. chromo-lithogr. et une carte.

436. Le Tombeau de Childéric Ier, roi des Francs, res—

titué à l'aide de l'archéologie, par l'abbé Cochet.
Paris, 1859, in-8. *Figures.*

437. Mémoire sur la collection des vases antiques trou-
vée en mars 1830, à Berthouville (arrond. de Ber-
nay), par Le Prévost. *Caen,* 1832, pet. in-4, cart.,
planches.

438. Description ou Musée lapidaire de la ville de Lyon,
—Épigraphie antique du département du Rhône,—
par le docteur A. Commarmond. *Lyon,* 1846-54, fort
vol. in-4, *planches.*

439. Description des antiquités et objets d'art contenus
dans les salles du Palais des Arts de la ville de Lyon.
par le docteur Commarmond. *Lyon,* 1855-57, fort
vol. in-4, br. 28 *planches.*

440. Notice sur les peintures de l'église de Saint-Savin,
par P. Mérimée. *Paris, imp. Roy.,* 1845, 2 vol. in-fol.
max., dont un contenant 41 planches chromo–litho-
graphiées, dem.-rel., dos et coins de mar. bleu.
(*Kœhler.*)

441. Recherches sur les monuments, et Histoire des
Normands et de la maison de Souabe dans l'Italie
méridionale, publiées par les soins de M. le duc de
Luynes, texte par Huilard-Bréholles, dessins par V.
Baltard. *Paris, Panckoucke,* 1844, gr. in-fol. max.,
dem.-rel. en percaline, *figures.*

442. Atlas du compte de dépenses de la construction du
château de Gaillon ; plans et dessins exécutés sous la
direction de A. Deville. *Paris, imp. Nation.,* 1851,
in-fol. max., dem.-rel., chag. vert.

443. Archéologie navale, par Jal. *Paris,* 1840, 2 vol.
gr. in-8, br., fig. dans le texte.

444. Mélanges d'antiquités. In-8, rel. en 2 vol., dem.-
rel., v. ant.

De l'origine de la crémation (par Boulard), 1821.— Notice hist. et
comparée sur les aqueducs des anciens, par Petit-Radel, 1803.—
Doutes et conjectures sur la déesse née a Nehalennia, par Pougens,
1810.—L'obélisque de Louqsor, par Champollion le jeune, 1833,

2 planches. — Des types imitatifs qui constituent l'art du christianisme, par Raoul-Rochette, 1834. — Storia degli Scaligeri. Verona, 1826.—Henri IV peint par lui-même, 1787.— Examen comparatif du pouvoir des Parques scandinaves et grecques, sur Odin et Jupiter, par Noël, an VII. — Mémoires sur les représentations figurées du personnage d'Atlas, par Raoul-Rochette, 1835. — Dissertation sur les journaux des anciens, par l'abbé Périer. — Correspondance inédite de Péresc, etc.

445. Monumenta Germaniæ historica , edidit G.-H. Pertz. Scriptorum, 2 vol.; Legum, 2 vol. *Hannoveræ,* 1826-37, 4 vol. in-fol. Les 2 premiers rel. pleine, v. ant.; le 3ᵉ cart., et le 4ᵉ v. br.

446. L'Osservatore Fiorentino sugli edifizi della sua patria. *Firenze, Ricci,* 1821, 4 vol. in-8, dem.-rel., v. fauve, *planches.*

447. L'Inscription syro-chinoise de Si-Ngan-Fou, monument nestorien élevé en Chine l'an 781 de notre ère, trad. par Pauthier, texte en regard. *Paris,* 1858, in-8, br.

Numismatique.

448. Numismatique du voyage du jeune Anacharsis, ou Médailles du plus beau temps de la Grèce, par Dumersan. *Paris,* 1818, 2 vol. in-8, v. gran., fil., tr. dor., *figures.*

448 *bis.* Les Monnaies d'Athènes, par E. Beulé. *Paris, Rollin,* 1858, in-4, br., nombr. fig. de monnaies dans le texte.

448 *ter.* Essai de classification des suites monétaires byzantines, par F. de Saulcy. *Metz,* 1836, in-4, br., 36 *planches gravées par Dembour.*

449. Numismatique des rois latins de Chypre,—1192-1489,—par Eug. de Rozière. *Paris,* 1847, in-4, br., 3 pl. de monnaies.

450. Essai de classification des monnaies autonomes de l'Espagne, par de Saulcy. *Metz,* 1840, in-8, br., *planches.*

451. Numismatique de la Gaule Narbonnaise, par L. de

la Saussaye. *Blois*, 1842, in-4, br., 23 pl. de monnaies tirées sur chine.

452. Traité historique des monnoyes de France, par Le Blanc. *Amsterdam, P. Mortier*, 1692, in-4, v. gr., fig.

Contenant dissertations historiques sur les monnaies de Charlemagne, etc.

453. Recherches sur les monnaies des comtes et ducs de Bar, pour faire suite aux Recherches sur les monnaies des ducs héréditaires de Lorraine, par F. de Saulcy. *Paris*, 1843, in-4, br., 7 *planches*.

454. Recherches sur les monnaies des ducs héréditaires de Lorraine, par F. de Saulcy. *Metz*, 1841, in-4, br., 36 *planches*.

455. Recherches sur les monnaies des évêques de Toul, par C. Robert. *Paris*, 1844, in-4, br., 10 pl.

456. Mémoire sur l'impératrice Salonine, par J. de Witte. *Bruxelles*, 1852, br. in-4, fig.

HISTOIRE LITTÉRAIRE.

Histoire littéraire des diverses nations.

457. Histoire de la littérature grecque profane, depuis son origine jusqu'à la prise de Constantinople par les Turcs, par Schœll. *Paris*, 1823, 8 vol. in-8, br.

458. Examen critique des historiens anciens de la vie et du règne d'Auguste, par Egger. *Paris*, 1844, in-8, br.

459. Recherches critiques sur l'âge et l'origine des traductions latines d'Aristote, par Jourdain. *Paris*, 1819, in-8, d.-rel. v. fau.

460. Recherches critiques sur l'âge et l'origine des traductions latines d'Aristote, par A. Jourdain, édit. rev, par Ch. Jourdain. *Paris*, 1843, in-8, br.

461. Essai sur l'histoire de la critique chez les Grecs, suivi de la politique d'Aristote, par Egger. *Paris.* 1850, in-8, en 2 part. br.

462. Examen critique des anciens historiens d'Alexandre-le-Grand, par Sainte-Croix. *Paris*, 1810, in-4, d.-rel. v. ant. *Planches en taille douce.*

463. Histoire abrégée de la littérature romaine, par F. Schœll. *Paris, Gide*, 1815, 4 vol. bas.

464. Histoire littéraire de la France par des religieux bénédictins de la congrégation de Saint-Maur (D. Rivet, D. Taillandier et D. Clémencet). 1733-1856, y compris la continuation, par MM. Pastoret, Brial, Ginguené, Daunou, Amaury-Duval, Petit-Radel, Eméric-David, Paulin-Paris, Victor Leclerc, etc. *Paris*, 21 vol. in-4, v. m. (les 4 derniers br.)

> Le tome XI, réimprimé en 1841, est en double.

465. Voyage littéraire de deux religieux bénédictins de la cong. de Saint-Maur. (D. Martène et D. Durand.) *Paris*, 1717, 2 part. en 1 vol. in-4, v. br., fig.

466. Histoire littéraire de la France avant le douzième siècle, par Ampère. *Paris, Hachette*, 1839, 3 vol. in-8, br.

468. Catalogue des actes de Philippe-Auguste avec une introduction sur les sources, les caractères et l'importance historique de ces documents, par Léopold Delisle. *Paris, Durand*, 1856, in-8, br.

469. De l'état de la poésie française dans les xiie et xiiie siècles, par de Roquefort. *Paris*, 1821. in-8, d.-rel. v. vert.

470. Veterum analectorum cum adnotat., observat. et dissert. singulari domini Joh. Mabillonii. *Luteciæ Parisior., apud L. Billaine*, 1675, 4 vol. in-8, parch.

471. Diarium italicum, sive monumentorum veter., bibliothecarum, musæorum, etc., A. P. de Montfaucon. *Parisiis, apud J. Anisson*, 1702, in-4, v. jasp. *Figures.*

472. Museum italicum seu collectio veterum scriptorum ex bibliothecis italicis, eruta a D. J. Mabillon, et D. Michaele Germain. *Lut. Paris.*, 1724, 2 vol. in-4, v. m.

475. Des études classiques dans la société chrétienne, par le R. P. Daniel. *Paris*, 1853, in-8, br.

476. Les gladiateurs de la république des lettres aux xve, xvi° et xviie siècles, par Ch. Nisard. *Paris*, 1860, 2 vol. in-8, br.

477. Tableau de la littérature du nord au moyen âge en Allemagne et en Angleterre, en Scandinavie et en Slavonie, par Eichhoff. *Paris, Didier*, 1853, in-8, br.

478. Heyne (Chr. G.). Opuscula academica, collecta et animadvers., locupletata. *Gottingæ*, 1785-1812, 6 vol. in-8, d.-rel. v. fau.

479. Histoire de l'instruction publique en Europe et principalement en France depuis le christianisme jusqu'à nos jours, par Vallet de Viriville et F. Seré. *Paris*, 1849-52, in-4, br., nombr. fig. noires et coloriées.

480. Histoire critique et législative de l'instruction publique et de la liberté de l'enseignement en France, par H. de Riancey. *Paris*, 1844, 2 vol. in-8, br.

481. Histoire de la littérature espagnole, trad. de l'all. de Bouterwek. *Paris*, 1812, 2 vol. iu-8, dem.-rel. bas.

482. CAMDEN SOCIETY for the publication of early historical and literary remains. *London. by J. Bowyer Nichols and son*, 1838-40, 11 vol. pet. in-4, cart.

Restoration of King Edward IV.—Kynge Johan by bishop Bale.—Deposition of Richard II.—Plumpton correspondance.—Political songs. — Warkworth's chronicle. — Anecdotes and traditions. — Kemp's nine daies wonder.—Ecclesiastical documents.—Norden's description of Essex.—Hayward's annals of Elysabeth.

483. Essai sur l'histoire de l'instruction publique en

Chine et de la corporation des lettrés depuis les temps anciens jusqu'à nos jours, par E. Biot. *Paris*, 1845, in-8, en 2 part. br.

484. Le Bhâgavata purâna ou histoire poétique de Krchna, trad. et publ. par Eug. Burnouf. *Paris, Imp. Roy.*, 1840, 2 vol. in-4., br. (Tom. I-II.)

Mémoires de l'Institut.

485. Académie des inscriptions et belles-lettres (Histoire et mémoires de l') de 1701-1793. *Paris, Imp. Roy.*, 1736-1808, 50 vol.—Tableau général, raisonné et méthodique des ouvrages contenus dans le recueil des mém. de l'Acad. roy. des inscript et belles-lettres, depuis sa naissance jusques et y compris l'année 1788, servant de supplément aux tables de ce recueil, par M. D. (de l'Averdy.) *Paris*, 1791, 1 vol.—Ensemble 51 vol. in-4. v. marbré.—Table des matières cont. dans l'histoire et dans les mémoires de l'Acad. roy. des inscript. et belles-lettres, depuis le tome XLV jusques et y compris le 1er.

486. HISTOIRE ET MÉMOIRES DE L'INSTITUT Royal de France.—Classe d'histoire et de littérature ancienne (jusqu'au 4e vol.) et sous le titre d'Académie des inscriptions et belles-lettres, années 1815-57, 21 vol. in-4 (les 8 premiers rel. en veau rac. et les autres cart. et br.).

487. Table générale et méthodique des mémoires contenus dans les recueils de l'Académie des inscriptions et belles lettres et de l'ac. des sc. morales et politiques, par E. de Rozière et E. Chatel. *Paris, Durand*, 1856, in-4, br.

488. MÉMOIRES PRÉSENTÉS PAR DIVERS SAVANTS à l'Académie des inscriptions et belles-lettres de l'Institut de France (*sujets divers d'érudition*). *Paris, Imp. Roy.*, 1844-58, 5 vol. in-4. cart. en 6 part.

489. MÉMOIRES PRÉSENTÉS PAR DIVERS SAVANTS à l'Aca-

démie Roy. des inscript. et belles-lettres de l'Institut de France (*Antiquités de la France*). *Paris, Imp. Roy.*, 1843-54, 3 vol. in-4, cart., *figures*.

490. Notices et extraits des manuscrits de la bibliothèque du roi et autres bibliothèques, lus au comité établi par Sa Majesté dans l'Académie royale des inscriptions et belles-lettres. *Paris, Imp. Roy.* et *typogr. Didot*, 1787-58, rel. et brochés.

> Cette collection est ainsi composée : Les dix premiers volumes, rel. pleine en veau fauve, les tomes XI, XII, XIII et XIV cart. et br. (Le tome XV n'a pas paru.) Tome XVI en deux part. Tome XVII en deux part. Tome XVIII (la première part. seulement). Tome XIX (la deuxième part.) Ces derniers vol. cart. ; ensemble 17 vol. en 21 parties (*tout ce qu'il y a de paru*).

491. MÉMOIRES DE L'ACADÉMIE DES SCIENCES de l'Institut de France. *Paris, Didot*, 1853-54, 2 vol. in-4, br. (T. XXIII et XXIV).

492. Mémoires présentés par divers savants à l'Académie des sciences de l'Institut Impérial de France (*sciences, mathématiques et physiques*). *Paris, Impr. Imp.* 1854-58, 3 vol in-4, br., *planches*.

> Tome XII, XIV et XV.

493. MÉMOIRES DE L'ACADÉMIE Royale des sciences morales et politiques de l'Institut de France. *Paris, Didot*, 1837-55, 9 vol. in-4, cart. et br.

494. MÉMOIRES DE L'AC. ROY. DES SCIENCES MORALES ET POLITIQUES de l'Institut de France (*savants étrangers*). *Paris, Didot*, 1841, 2 vol. in-4, br.

495. MÉMOIRES DE L'INSTITUT national des sciences et des arts (Littérature et beaux-arts). *Paris, Baudouin*, an VI, 5 vol. in-4, bas.

496. Supplément aux comptes rendus hebdomadaires des séances de l'Académie des sciences, publ. par **MM.** les secrétaires perpétuels. *Paris, Mallet-Bachelier*, 1856, in-4, br., figures noires et en coul. (*Tom. 1er.*)

497. RECUEIL DES DISCOURS, rapports et pièces diverses

lus dans les séances publiques et particulières de l'Académie française, 1803-1852. *Paris, Didot,* 1847-56, 7 part. ou vol. in-4, br.

498. Rapport sur les travaux de la classe d'histoire et de littérature ancienne, fait par Ginguené et Daunou, 1807-15, in-4, dem.-rel.

499. Journal des savants. *Paris, Imp. Royale,* années 1817-38, 22 vol. in-4, dem.-rel. — Années 1852-53, en livr.

Diplomatique.

499 bis. De re diplomatica libri VI, opera et studio D. Johan. Mabillon. *Lut. Paris.,* 1681, in fol., v. br. *Planches.*

500. Nouveau traité de diplomatique, où l'on examine les fondements de cet art, etc., par deux religieux bénédictins de la congrégation de S. Maur (D. Toussaint et D. Tassin). *Paris,* 1750-65, 6 vol. in-4, v. m., *planches.*

> Ouvrage devenu rare et fort estimé.

501. GODEFROY. Inventaire des layettes, coffres, sacs et registres qui sont au trésor des chartes du roy à la Sainte-Chapelle, 9 vol. in-4 rel. en parch.

> Copie manuscrite faite en 1709, par Adr. Maillart, avocat au Parlement de Paris.
> Ce catalogue est précieux pour l'étude de l'histoire de France ; il est divisé par provinces, et chaque vol. est précédé d'une table.

502. Cartulaire de l'église du Saint-Sépulcre de Jérusalem, publié d'ap. les mss, du Vatican, par Eug. de Rozière (Texte et appendice). *Paris, Imp. Nat.,* 1849, in-4, br.

503. Dictionnaire raisonné de diplomatique, par Dom de Vaines. *Paris,* 1774, 2 vol. in-8, dem.-rel. bas., planches.

503 bis. Éléments de paléographie, par Natalis de

Wailly. *Paris, Imp. roy.*, 1838, 2 vol. gr.-4, pap. de Holl. br. *planches.*

Biographie.

504. Biographie universelle, ancienne et moderne, par une soc. de gens de lettres et de savants. *Paris, Michaud*, 1811-28, 52 vol. in-8, dem.-rel., veau fau.

505 Biographie universelle et portative des contemporains ou dictionnaire historique des hommes vivants et des morts, publ. sous la direction de Rabbe, *Paris,* 1836, 5 vol. in-8, br.

506. Dictionnaire historique et critique de Pierre Bayle, nouv. éd. *Paris, Desoer,* 1820, 16 vol. in-8, bas.

507. Les vies des hommes illustres grecs et romains, comparées l'une avec l'autre par Plutarque de Chæronée, translatées de grec en français. *A Paris, de l'imprimerie de Michel de Vascosan,* 1559, in-fol., divisé en 2 tomes. — Les œuvres morales et mêlées de Plutarque. translatées du grec en français par Messire J. Amyot. *Paris, Vascosan,* 1572, in-fol., divisé en 2 tomes.

Très-bel exemplaire, lavé-réglé, relié en vélin, filets et tr. dor.

508. Julien l'apostat ou abrégé de sa vie, trad. de l'anglais. S. L. 1688, pet. in-12, v. gr.

509. De vita et moribus Epicuri; autore Petro Gassendo. *Hagae-Comitum,* 1656, pet. in-4, cartonné.

510. Eginharti vita Caroli Magni, edita cum adnot. et varietate lectionis a Gab. G. Bredow. *Helmstadii,* 1806, in-12, bas., fig.

511. Histoire de saint Louys, IXᶜ du nom, roy de France, écrite par Jean Sire de Joinville Sénéschal de Champagne, avec les établissements de Saint-Louys, le conseil de Pierre de Fontaines, etc., par

Ch. Du Fresne. *Paris, Mabre-Cramoisy*, 1668, in fol.
v. fau.

512. Vie de saint Louis, par Le Nain de Tillemont
publ. pour la première fois d'ap. le manusc. de la biblioth. royale et accomp. de notes et d'éclairciss. par
De Gaulle. *Paris, Renouard*, 1847, 6 vol. in-8, br.

513. Histoire de Saint-Louis, par Jehan sire de Joinville. — Les annales de son règne, par Guillaume de
Nangis.—Sa vie et ses miracles, par le confesseur de
la reine Marguerite. *Paris, Imp. royale*, 1761, in fol.
d.-rel. v. fau.

514. Discours merveilleux de la vie, actions et déporte-
ments de Catherine de Médicis royne mère. 1650,
pet. in-12, parch.

515. Vie de Pierre Pithou avec quelques mémoires sur
son père et ses frères. *Paris*, 1756, 2 vol. in-12,
v. m.

516. Études sur la vie de Bossuet (1627-1670), par A.
Floquet. *Paris, Didot*, 1855, 3 vol. in-8, br.

517. Histoire de J. Bossuet, compos. sur les manus. origin., par de Bausset. *Paris*, 1814, 4 vol. in-8, d.-rel.
bas. rou. *Portrait.*

518. Histoire de Fénélon, archev. de Cambrai, compos.
sur les manus. origin. par le card. de Bausset. *Ver-
sailles*, 1817, 4 vol. in-8, d.-rel. bas. *Portrait.*

519. Histoire de la vie et de l'administration de Colbert,
préc. d'une étude hist. sur Nic. Fouquet, par P. Clément. *Paris*, 1846, in-8, br.

520. Le chancelier d'Aguesseau, sa conduite et ses idées
politiques, par F. Monnier. *Paris, Didier*, in-8, br.

521. La vie de Mathieu Molé. Notices sur Ed. Molé et
M. le comte Molé, par le baron de Barante. *Paris,
Didier*, 1859, in-8, br.

522. Nouvelle apologie de J. J. Rousseau : ou lettres
sur sa mort, adressées à M. V. D. Musset-Pathay.

auteur de l'histoire de sa vie et de ses ouvrages, par L. M. Patris-Debreuil. Pet. in-4, v. ant., filets.

Manuscrit

523. Vie de Grosley, écrite en partie par lui-même; continuée et publ. par l'abbéMaydieu. *Londres*, 1787, in-8, v. mar.

524. M. de Chateaubriand, sa vie, ses écrits, son influence littéraire et politique sur son temps, par Villemain. *Paris*, 1858, in-8, br.

525. Iconographie des contemporains depuis 1789 jusqu'en 1829 avec les fac-simile de l'écriture de chacune d'elles, publ. par Delpech. *Paris*, 1832, 2 vol. gr. in-fol., demi-rel. mar. rou. non rog.

Très-bel exemplaire pap. vélin, auquel on a ajouté quelques lettres autographes.

526. Mémoires historiques sur la vie de M. Suard, sur ses écrits et sur le xviiie siècle, par Garat. *Paris, Belin*, 1820, 2 vol. in-8, bas.

527. Notice sur M. Daunou, par Guérard, suivie d'une notice sur Guérard, par de Wailly. *Paris*, 1855, in-8, br. *Portrait*.

528. La vérité sur les Arnauld complétée à l'aide de leur correspondance inédite, par P. Varin. *Paris*, 1847, 2 vol. in-8, br.

529. Recueil des éloges historiques lus dans les séances publiques de l'institut royal de France, par Cuvier. *Strasb.*, 1819, 3 vol. in-8, demi-rel. v. fau.

530. Mémoires biographiques et littéraires, par ordre alphabétique, sur les hommes qui se sont fait remarquer dans le départ. de la Seine-Inférieure par leurs écrits, leurs actions, etc., par Guilbert. *Rouen*, 1812, 2 vol. in-8,, dem.-rel., bas., *portrait*.

531. Madame la duchesse d'Orléans Hélène de Mecklembourg-Schwerin (par Mme la marquise d'Harcourt). *Paris*, 1859, in-8, br,

532. Vie de Becquey, ministre d'état et directeur des

ponts et chaussées et des mines sous la restauration, par Beugnot. *Paris, Didot,* 1852.

533. Notices biographiques en 1 vol in-8, dem.-rel., v. bleu.

> Essai sur les écrits politiques de Christine de Pisan, par Thomassy, 1838.—Eloge de Lamoignon—Malesherbes, par Dupin. 1841.—Charles de Villers, par E. Bégin.—Cuvier, par Pariset.—Notice sur le baron Silvestre de Sacy, par Reinaud, 1838.—Madame Rumfort, par M. Guizot, Paris, 1841.—Charles de Savigny, par Laboulaye, 1842.

---

534. Vita e pontificato di Leone X, di Guglielmo Roscœ, trad. dal conte C.-L. Bossi. *Milano,* 1816, 12 vol., *figures.*—Vita di Lorenzo de' Medici del dottore G. Roscœ, versione dall' inglese del G. Mecherini. *Pisa,* 1816, 4 vol.—Illustrazioni storico-critiche di G. Roscœ alla sua vita di Lorenzo de' Medici. *Firenze,* 1823, 2 vol., *figures.*—Vita di Cosimo 1 de Medici, scritta da Aldo Manucci. *Pisa,* 1823, 1 vol. Ens. 19 vol. in-8, dem.-rel., n. rog.

535. Histoire du pape Léon XII, par Artaud de Montor. *Paris,* 1843, 2 vol.—Histoire du pape Pie VIII, par le même. 1845, in 8. Ens., 3 vol. in-8, br.

536. Clément XIII et Clément XIV, par de Ravignan. *Paris,* 1854, in-8, br.

537. Mémoires hist. et philosoph. sur Pie VI et son pontificat jusqu'à sa retraite en Toscane. *Paris,* an VII, 2 vol. in-8, bas., *portrait et carte.*

538. Histoire du pape Pie VII, par le chevalier Artaud. *Paris,* 1836, 2 vol. in-8, dem.-rel., v. ant.

539. Vita di Dante, scritta da Cesare Balbo. *Torino,* 1839, 2 vol. in-8, br.

540. Histoire de Dante Alighieri, par Artaud de Montor. *Paris,* 1841, in-8, br., *portrait et pl.*

541. Historie di Nicolo Machiavelli...., novamente con diligenza ristampate. *Aldus,* 1546, pet. in-8, mar. br. tr. dor.

> Rel. par Capé, avec l'ancre aldine sur les plats.

542. Histoire de la vie et des ouvrages de Michel-Ange
Bonarrotti, par M. Quatremère de Quincy. *Paris,
F. Didot frères,* 1835, in-8, dem.-rel., m. v., *por-
trait et fig.*

543. Mémoires pour la vie de F. Pétrarque, tirés de ses
œuvres et des auteurs contemporains, par l'abbé de
Sade. *Amst.,* 1764, 3 vol. in-4, v. m.

544. Istoria della vita et delle' opere di Raffaello Sanzio
da Urbino del signor Quatremere de Quincy, voltata
in italiano, corretta, illustrata et ampliata per cura
di Francesco Longhena. *In Milano,* 1829, in-4,
dem.-rel., dos et coins de mar. rouge du Levant.
Figures dont plusieurs ajoutées et fac-simile.

545. Vita del padre F. Paolo Sarpi. *Helmstat.,* 1750,
pet. in-4, dem.-rel., *portrait.*

546. Biographia di fra Paolo Sarpi di A. Bianchi Giovanni. *Zurigo,* 1836, 2 vol. in-12, dem.-rel., v. v.,
portrait.

547. Histoire de Christophe Colomb, suiv. de sa cor-
respond., d'éclairciss. de pièces curieuses et inéd.,
trad. de l'ital. de Bossi. *Paris,* 1824, in-8, v. ant.,
planches et portrait.

548. Vie de Schiller, par Regnier. *Paris, Hachette,*
1859, in-8, br.

Exemplaire papier vélin.

549. Fragments biographiques et historiques, extr. des
registres du cons. d'État de la républ. de Genève, de
1535 à 1792. *Genève,* 1815, gr. in-8, dem.-rel. bas.,
portraits.

550. Essai sur la vie de T. Wentworth, comte de Straf-
ford, et sur l'hist. génér. d'Angleterre à cette époque,
par le comte de Lally-Tolendal. *Paris,* 1814, in-8,
dem.-rel., bas.

551. Essai historique sur les deux Pitt, par Louis de
Viel-Castel. *Paris,* 1845, 2 vol. in-8, br.

Bibliographie.

552. Nouvelles recherches sur l'origine de l'imprimerie, par Léon de Laborde, *Paris, Techener*, 1840, in-4, cart., planches.

554. Bibliothèque historique de la France, cont. le catalogue des ouvr., impr. et manusc. qui traitent de l'histoire de ce royaume, avec des notes critiques et historiques, par J. Lelong, édit., revue et augm. par Fevret de Fontette. *Paris*, 1768, 5 v. in-fol. v. rac.

555. Bibliothèque historique et critique des auteurs de la congrégation de St-Maur, par D. Filipe le Cerf. *A La Haye*, 1726, in-12, v. gr.

556. Recueil de Chartes latines et Manuscrits sur papyrus de la Bibliothèque Royale, publiés en *fac-simile*, avec Notices, par M. Champollion-Figeac. *Paris*, 1835-40, in-fol., dem.-rel. m. bl.

557. Bibliothèque générale des écrivains de l'ordre de Saint-Benoit, patriarche des moines d'Occident, par un religieux (D. Thiébaut). *Bouillon*, 1777, 2 vol. in-4, bas.

558. Catalogue général des Manuscrits des bibliothèques publiques des départements. *Paris, Imp. Nat.*, 1849, in-4, cart. (t. Ier.)

559. Catalogue des Manuscrits grecs de la bibliothèque de l'Escurial, par E. Miller. *Paris, Imp. Nat.*, 1848, in-4, br.

560. Bibliothèque Orientale, ou Dictionnaire universel, contenant tout ce qui regarde la connaissance des peuples de l'Orient, par d'Herbelot. *Maestricht*, 1776, in-fol., avec Supplément en un vol., dem.-rel. n. rog.

561. Index librorum prohibitorum sanct. Dom. nostri Pii Septimi. *Roma*, 1809, petit in-8, cart.

562. Manuel du Libraire et de l'Amateur de livres, par

J.-Ch. Brunet. *Paris, Silvestre,* 1842, 5 vol. in-8,
dem.-rel. dos et coins de mar.

563. Bibliothèque de l'École des Chartes. *Paris,* 1839-
60, 26 vol. in-8. Les 6 premiers rel. pl. en bas., les
autres brochés. (*Coll. complète à ce jour.*)

564. Annuaire des Deux-Mondes, tom. VI et VIII (1855-
56, 1857-58).

565. Annuaires historiques publiés par la Société de
l'histoire de France. *Paris, Renouard,* 1836-59, 23 vol.
in-18, dem.-rel. v. fauve dont 3 brochés.

566. Annuaire historique universel pour les années 1818-
47 inclus., par C.-L. Lesur. *Paris, Desplaces,* 30 vol.
in 8. Les 16 premiers cart., les autres br.

567. Rapport sur l'exposition universelle de 1855, pré-
senté à l'empereur par S. A. I. le prince Napoléon,
président de la commission. *Paris, Imp. Imp.,* 1857,
in-4, dem.-rel., m. tr. dor.

SUPPLÉMENT.

568. L'Antiquité expliquée et représentée en figures, par
dom Bernard de Montfaucon, religieux bénédictin de
la congrégation de Saint-Maur, *Paris,* 1719, 15 vol.
v. mar. tr. dor.

569. Recueil et parallèle des édifices de tout genre,
anciens et modernes, par J.-N.-L. Durand, professeur
d'architecture. *Paris,* an IX, gr. in-4° rel. *portraits*
et planches,

570. J. Cesari in oro raccolti nel Farnese Museo, e
publicati colle loro congrue interpretazioni, composto
dal padre Paolo Pedusi della compagnia di gesu,

Parma, 1694-1727, 10 vol. in-fol. v. br. (*aux armes*) *frontispice gravé et grand nombre de figures de médailles.*

571. Musée des familles, lectures du soir. *Paris*, 1833-54, 21 vol. gr. in-8, dem.-rel. bas, *figures.*

572. ENCYCLOPÉDIE MÉTHODIQUE ou par ordre de matières, par une société de gens de lettres, etc. *Paris*, 1790, 102 livraisons de texte, et 6,439 planches, brochées en carton n. rog.

Paris.—Imprimé chez Bonaventure et Ducessois, 55, quai des Augustins.